90년생,
오너십

90년생, 오너십

90년생이 갖춰야 할 최고의 스펙이자
최후의 무기 열한 번째 스펙

윤병호 지음

이것이 있다면
취업도 승진도 워라밸도
모두 이룰 수 있다

북씽크

추천사

'90년생 오너십'을 읽고 묵자(墨子)의 '무감어수 감어인(武鑑 於水 鑑於人)'이라는 문구가 떠올랐습니다.

자신의 모습을 물에 비추지 말고, 다른 사람에게 비추어 보라는 뜻으로, 물에는 자신의 외모만 비추어지지만 다른 사람에게 비추어 보면 자신의 인간적 품성이 드러나니 사람들 속에 자신을 세우고 사람을 거울삼아 소통, 공감을 통한 리더십을 발휘해야 한다는 의미가 담겨 있습니다.

'90년생 오너십'은 4차 산업혁명 시대, 디지털 전환의 시대에도 본질적이고, 필수적인 가치인 '오너십'의 중요성과 방법을 정확히 설명한 책입니다.

스펙을 열심히 쌓고 있는 취업준비생, 사회초년생을 포함한 직장생활에 고민하는 밀레니얼 세대를 비롯한 모든 이들에게 일독을 권합니다.

- 김인석 KEB하나은행 부행장

2003년 해태제과식품에 입사하여 지금까지 17년 동안 직장생활을 하면서 '어떻게 하면 신입사원으로서 직장생활을 잘할 수 있을까?', '어떻게 하면 신입사원과 팀원들을 이해하고 그들의 열정을 잘 이끌어낼 수 있을까?' 라는 고민이 항상 있었습니다. 하지만 '90년생 오너십'을 읽고 이제서야 그 답을 찾을 수 있었습니다.

동기들보다 상대적으로 높은 평가와 연봉을 받고 있는 이유를 생각해 보면, 신입사원 시절부터 가졌던 '간절함과 실행력'이 그 원동력이었다고 생각합니다. 이제는 익숙하지만 그 습관으로 인해 지금의 내가 있을 수 있었고, 내 이름 석 자가 브랜드가 되어 평가되고 있다고 생각합니다.

회사의 경쟁력이 정보통신기술, 언어능력, 학력, 기업문화에

만 있지는 않습니다. 무엇보다도 중요한 것은 직원들의 오너십의 이해와 유무라고 생각합니다. 오너십을 이해하고 가졌다고 여겨진 직원들은 업무를 능동적으로 하고 좋은 평가를 받는 반면, 그렇지 못한 직원들은 주어진 업무에 불평불만을 가졌고 좋지 못한 평가를 받는 경우를 많이 보아왔습니다.

그래서 해태제과식품㈜ 팀장 시절 신입사원 면접에서 스펙 우수자의 객관적인 자료보다는 지원자의 의식과 자세에 더 큰 비중을 두고 평가했습니다.

세대 간의 사고방식과 문화의 차이 속에서 100% 만족스러운 직장생활을 하기란 쉽지 않습니다. 하지만, 이 책에서 말하고 있는 '열한 번째 스펙'인 오너십은 기성세대와 밀레니얼 세대가 상생하고, 위에서 언급했던 '간절함', '실행력'을 갖추는 데 도움을 주어 어렵다고만 느껴지는 직장생활에 길잡이가 될 수 있습니다. 그리고 '90년생 오너십'이 그 내용을 체계적으로 잘 담고 있다고 생각합니다.

개인적으로 '90년생 오너십'을 통해 신입사원 때부터 현재의 임원이 되기까지의 직장생활을 되돌아보고, 더불어 밀레니얼 세대들을 이해할 수 있는 좋은 계기가 되었습니다. 직장에서 그리고 인생에서 주인공이 되는 방법과 기회를 찾고자 한다면 '90년생 오너십'을 꼭 읽어볼 것을 적극 추천합니다.

– 박희헌(무한도전 '면접의 신'편 출연)

前) 해태제과식품 마케팅팀장/現) 케이피텍 영업이사

공자는 나이 30을 而立(이립)이라 했다. 뜻을 세우는 나이다. 어느 조직이든 30대는 행동을 담당한다. 효율이 경험에 의해서 나오는 것이라면 성과는 행동에 의해서 나온다. 이런 이유에서 30대가 가지는 사회적 의미는 매우 크다.

90년생들이 지금 30대에 접어든다. 사회에 진입하고 있다. 새 술을 새 부대에 담을 것인가. 새 물을 넣어서 정화시킬 것인가는 우리 사회가 당면한 고민이다. 혹여 '새 술을 새로운 물이라 인정하지 않으려는 시도를 하지는 않는가?' 자문해 봐야 하는 조직이나 사람이라면 이 책에서 답을 찾을 수 있다. 또한, 자신이 30대임에도 아직 정체성에 대한 고민을 하고 있다면 그 또한 이 책에 답이 있다고 할 수 있다.

우리 사회는 90년생 그들이 과거의 것들과 싸우면서 에너지를 낭비하게 해서는 안 된다. 그것이 우리 사회가 해야 할 유일한 일이다. 또한, 90년생들도 어딘가 기대거나 편승하려는 태도에서 벗어나야 한다. 그러기 위해서는 자발적이어야 한다. 저자는 이것을 '열한 번째 스펙, 오너십'이라 표현한다. 기존의 주인정신이나 셀프리더십이란 말보다 세련되다. 물리적 배고픔에서 발원한 주인정신보다는 스스로의 내면적 궁함에 기인한 오너십은 그 차원을 달리할 것이라 기대한다.

양 세대가 같이 읽어서 한쪽에서는 '징징거리지 마라'고 하고 또 한편에서는 '간섭하지 말라'고 하는 불신의 평행선은 이제 그만 그었으면 하는 바람으로 이 책을 추천한다.

- 최병철(현대중공업 등 다수 대기업 기업교육 주관 명강사)

한국창직역량개발원장 경영학 박사

평소 가까이에서 지켜본 '윤병호 작가'는 강직하다. 강의에서도 단순한 이론과 사실의 전달자가 아닌 본인의 사상과 주장을 녹여내는 사람이다.

오랜 기간의 생각을 정리한 '90년생 오너십'을 받아들었을 때 '주인의식'이라는 주제가 주는 편견 때문이었을까? 조금은 걱정스레 첫 장을 넘겼지만 지루함 없이 마지막 장까지 넘기게 되는 저자의 스토리텔링이 인상적이다.

이 책은 사례와 저자의 경험과 해석을 통해 행동하는 주인의식의 중요성을 모든 세대에게 적절하게 반듯하게 메시지로 보내고 있다.

경영도 투자도 결국 사람이 중요하다. '열한 번째 스펙'인 오너십이 필요한 이유와 각 세대를 이해하고자 하는 밀레니얼 세대와 기성세대 모두를 위한 필독서로 적극 추천한다.

－ 김정헌 국제투자그룹 REBOBEE 한국 센터장

차례

프롤로그

언제부터인가 '취업준비생'이라는 말이 대학생과 직장인 사이의 위치를 말하는 단어가 되어버린 요즘, 정부차원의 일자리 확충과 노력이 무색하게 미·중 무역전쟁과 일본의 백색국가 제외 등 대한민국은 그 어느 때보다도 대외적으로 어려운 상황에 직면해 있다. 또한, 설상가상 대기업 중 30%는 하반기 공채를 하지 않겠다고 한다.

스펙을 쌓아야 취업이 된다는 것은 암묵적인 공식이다. '취업준비생'에게 '스펙'이라는 단어는 바늘과 실 같은 관계가 된 지 오래이고, 취업을 하기 위해서는 10개의 스펙을 갖춰야 한다고 말한다. 하지만 그렇게 대학 생활을 고3 생활 못지않게 취업공부에 열정을 쏟아부은 90년생들은 막상 어렵게 10개의 스펙을 쌓아 취업을 하고도 정작 퇴사를 염두에 두고 편치 않은 사회생활을 이어가고 있다고 한다.

밀레니얼 세대들의 등장으로 인해 기성세대들은 당혹감을 감추지 못하고 있고, 밀레니얼 세대들은 사회생활에 어려움을 호소한다. 밀레니얼 세대들이 사회에 진출하면서 세대 간 갈등이 심화되는 모양새다. 기성세대들은 밀레니얼 세대들을 편견으로 대하고, 밀레니얼 세대들은 기성세대를 꼰대라고 부르며 거리감을 두려고 한다. 좀처럼 이들의 갈등의 간극은 좁혀질 기미조차 보이지 않는다. 그러니 밀레니얼 세대들이 어렵게 스펙을 쌓아 들어간 회사에서의 사회생활이 그동안의 스펙 쌓기가 무색하게 순탄치만은 않다.

90년생들은 왜 기성세대들과 갈등하고 사회생활을 어려워하는 걸까? 13여 년의 군 복무 동안 밀레니얼 세대와 생활해왔고, 전역 후 강사 활동을 통해 90년생들을 관찰하면서 그들이 사회생활을 어려워하고, 퇴사를 준비할 만큼 현실에서 도피하고 싶어하는 이유가 '오너십(오너십)'과 관련이 있다는 결론에 이르렀다.

90년생들에게 '오너십'과 관련된 강연을 할 때면 그들이 책임지기 싫어서 외면하는 것이 아니라 오너십을 잘못 이해하고 있거나 그 중요성을 느끼지 못했기 때문이라는 것을 알 수 있었다.

오너십은 현시대를 살고 있는 사람들은 물론 '4차 산업혁명 시대를 살게 될 미래의 사람들'에게도 꼭 필요한 요소이자 중요한 소양이라고 생각한다. 사회생활을 해본 세대라면 잘 알고 있다. 오너십이 조직에서 차지하는 중요성을 말이다. 그래서 저자는 '오너십'을 90년생이 갖춰야 할 열한 번째 스펙이라 말한다. 기업에서는 언제나 오너십 있는 인재를 찾고 있기 때문이다.

그동안 취업을 위한 스펙 쌓기를 했다면 이제는 사회생활을 위한 스펙 쌓기가 필요한 시기이다. 열한 번째 스펙 쌓기로 기성세대와 밀레니얼 세대 간의 갈등이 완화될 수 있고, 밀레니얼 세대들이 사회생활을 하는데 도움이 될 수 있다고 생각한다. 그동안 여러 강연을 통해 밀레니얼 세대들이 오너십을 중요하게 생각하고 있고, 가지고 있음을 확인했다.

이런 시대에 그 어떤 스펙보다 차별화되기 유리한 스펙인 '오너십'이 왜 필요한지, 어떻게 갖출 수 있는지를 책에 담았다. 이 책을 통해 사회초년생인 밀레니얼 세대들이 마지막 스펙 쌓기를 통해 기성세대들과의 소통과 공존을 넘어 수월한 사회생활에 도움이 되었으면 좋겠고, 궁극적으로 스스로의 인생에서 주인으로 살 수 있는 계기를 마련했으면 한다.

끝으로, 부족한 제 글을 좋은 책으로 출간될 수 있게 도와주신 북씽크출판사 대표님과 저를 아끼는 마음으로 추천사를 써주신 김인석 부행장님, 박희헌 이사님, 최병철 원장님, 김정헌 센터장님께 감사의 말씀을 올립니다.

그리고 어려웠던 시기에 믿고 저를 응원하며 아껴준 가족들. 특히, 아내 권현주와 딸 소정에게 감사의 마음을 전합니다.

제1장

90년생,
흔들리는 세대

최소 10개 스펙을
요구받는 세대

취업준비생.

학교 다니는 학생도 아니고 직장을 다니는 직장인도 아닌, 취업을 준비하는 사람을 두고 보통 이렇게 부른다. 이 취업준비생, 줄여서 취준생이라는 단어에 담겨 있는 무게는 '고3'이라는 단어의 무게만큼이나 무겁다.

'취준생'이라는 무게를 내려놓으려면 취업을 해야만 하는데, 취업하기 위해 필요한 것을 이야기할 때 빠지지 않고 등장하는 단어가 스펙이다.

'스펙'은 주로 기계 제품의 중요한 제원, 디지털 카메라의 화소, 텔레비전의 주사선 수, 오디오의 출력, 컴퓨터의 메모리, 냉장고의 용량, 자동차의 배기량, 카메라의 렌즈 구경 등을 말한다. 영어 'Specification'의 줄임말로 사용설명서, 상세설명서 등을 뜻한다. 하지만 한국에서는 마치 제품 특징처럼 구직자들이 취직하기 위해서 갖춰야 할 자신의 능력을 증명할 수 있는 자격증이나 시험 점수 따위를 가리키는 말로 2000년대 초반부터 의미가 확대되어 사용되기 시작하였다.

또한, 스펙 쌓기라고 하면 취직이 용이하도록 필요한 자격증, 필요한 사회 경력 또는 직장 경력을 쌓는 것을 뜻한다.

10년이 넘는 학업 뒤의 최종 성과물인 취업은 취준생은 물론, 취준생의 주변 사람들에게까지 중요한 일이 되었다. 최종 종착지가 어디인지는 알 수는 없지만 대부분의 취준생들은 중견기업 이상의 직장을 목표로 준비를 한다. 그리고 그 좁디좁은 취업의 문을 열기 위한 스펙 쌓기에 열을 올리고 있다.

결국 스펙이라는 것은 취준생이 자신이 지원하는 회사에, 자신이 필요한 사람이라는 것을 증명해 보이는 자료 같은 것이다. 그러다보니 취직하기가 어려워질수록 경쟁자보다 내가 더 낫다는 것을 증명하기 위해 스펙을 하나씩 늘려가게 된다.

2017년 들어 공공기관을 중심으로 스펙 초월 채용인 블라인드 채용의 추세가 확산되고 있다. 과도한 스펙 쌓기가 사회문제로 부각되고 있기 때문이다. 이에 삼성, 현대자동차, LG그룹, SK그룹 등 주요 대기업이 입사지원서에 스펙을 적는 공간을 대폭 축소하거나 없애고 있고, 무턱대고 스펙을 쌓는 게 취업에 도움이 되지 않는다는 지적도 적지 않게 나오고 있다. 하지만, 다른 사람들보다 좀 더 좋은 직장을 구하기 위한 취업난이 심각해지면서 맹목적인 스펙 쌓기 현상은 여전히 진행형이다.

어떤 경우에는 인턴을 하기 위해 인턴 스펙을 쌓는 사람들도 있다고 한다. 한 대학의 학보사 편집국장인 한 모 씨는 "취업을 하려면 인턴 경력이 있어야 하고 인턴 자리를 얻기 위해 또 다른 인턴을 스펙으로 쌓아야 한다"며 뫼비우스의 띠에 빗댄 이를 '스펙우스의 띠'라고 했다.

대학 다닐 때부터 학점 관리를 시작으로 학생 신분으로 내 가치를 증명할 수 있는 모든 활동을 통해 취업준비를 시작하게 된다. 그러면 도대체 보통 몇 가지 스펙을 갖춰야 스펙을 갖출만큼 갖췄다고 할 수 있는 것일까?

취업을 위해서 필요하다고 하는 '스펙'은 2013년에는 이른바 취업을 위한 '8대 스펙'이라는 말로 사용되었는데, 학벌, 학점, 토익점수, 자격증, 어학 연수, 공모전, 인턴 경험, 봉사활동이 '8대 스펙'에 해당된다고 했다.

취업을 위한 10가지 스펙

지금의 취업준비생들은 2013년의 '8대 스펙'보다 더 많은 10가지 스펙을 갖추어야 한다고 한다. 그 수가 무려 10가지나 된다. 그리고 그 10가지는 다음과 같다.

1. 학벌
2. 학점

3. 토익 점수

4. 어학 연수

5. 자격증

6. 공모전

7. 인턴 경험

8. 봉사활동

9. 대외활동

10. 아르바이트

　일반적으로 기업에서 원하는 최소한의 취업 스펙은 3.5에서 4.0 사이의 학점, 토익 점수는 800점 이상, 최소한 어학 연수는 1회 정도는 다녀오고, 자격증은 2개 이상, 인턴 경험도 최소 1회 이상, 봉사활동도 1회 이상이라고 한다.

　원하는 기업을 가고자 한다면 최소한 앞의 10가지의 스펙이 평균 이상이어야 한다는 말이 된다.

　최근의 2019 상반기 공채 취준생 취업 스펙과 관련된 〈매일경제 2019. 03. 11〉자 기사를 보자.

2019년 상반기 공채 취준생 취업 스펙

※ 상반기 공채 취준생 974명 대상 설문조사 결과, 자료제공: 잡코리아

졸업 학점
평균 3.51점

인턴 경험
31.4%

토익 점수
평균 772점

전공 분야
자격증 보유
60.9%

대외활동 경험
43.4%

상반기 기업 신입사원 공채에 지원하는 취업준비생들의 평균 스펙은 졸업 학점 3.5점에 전공 분야 자격증을 가진 것으로 조사됐다.

11일 취업포털 잡코리아에 따르면 상반기 신입 공채 지원자 974명(4년제 대졸자 679명 · 전문대 졸업자 295명)을 대상으로 '평균 스펙'을 조사한 결과 전공 분야 자격증을 보유하고 있다는 응답자가 전체의 60.9%에 달했다.

대외 활동 경험자가 전체의 43.4%였고, 31.4%는 기업에서 인턴 생활을 한 경력이 있는 것으로 나타났다.

졸업 학점은 4.5점 만점에 평균 3.51점이었으며, 토익 점수는 전체의 43%가 보유한 가운데 평균 772점이었다. 이밖에 영어말하기 점수를 갖고 있다는 응답자와 해외 어학연수 경험자는 각각 25.5%와 20.0%였다. 학력별로는 전공 분야 자격증 보유 비율의 경우 전문대 졸업자가 67.5%로 4년제 대졸자(58.0%)보다 높았지만 토익 점수는 4년제 대졸자의 평균 점수(789점)가 전문대 졸업자(673점)를 훨씬 웃돌았다.

이밖에 응답자의 24.1%는 취업 준비를 위해 대학 졸업을 미룬 경험이 있다고 답했다.

기사에서 봤듯이 평균 스펙이라고 하는 학점 3.5점이나 전공 분야 자격증을 따려면 고3 못지 않은 수준으로 4년간 열심히 공부하고 준비해야 한다는 말이다.

공공기관에서는 2017년 후반기부터 NCS(국가직무능력표준)를 적용한 블라인드 채용을 전면 시행하고 있기는 하다. 이에 따른 채용은 직무 능력이 우선이다.

하지만, 여전히 대기업을 비롯한 여러 기업에서는 기업마다의 스펙에 대한 기준을 설정하고 있다. 블라인드 채용이라 할

지라도 절대적인 기준은 아니지만 기업에서는 입사지원자가 스펙을 갖추는 것을 입사를 위한 '최소한의 자격'으로 여기고 있다.

결국, 스펙이라는 것은 기업의 입장에서 소양과 자질을 갖춘 사람을 선별하기 위한 최소한의 기준이므로 취업을 원하는 많은 이가 이 스펙의 기준을 넘기 위해 필사적으로 준비하고 있는 것이다.

비용이 드는 스펙 쌓기, 취준생은 힘들다

대표적인 취업 사이트인 잡코리아의 조사결과(2018년 기준)를 보면 취업준비생들은 취업준비에 '월 평균 27만 원' 정도를 지출하고 있다고 한다. 10명 중 7명 이상은 아르바이트(75.1%)로 그 비용을 충당하고 있었고, 그 외에는 부모님께 지원을 받는다는 취업준비생도 46.5%나 되었다.(복수응답)

이런 취업준비 비용은 어학능력시험 비용, 면접에 드는 교통비용, 취업스터디 비용, 이력서 사진 촬영 비용, 면접의상 구입

비용 등으로 지출되고 있으며 이 외에도 인적성 검사 등의 취업준비도서 구입 비용, 전공 관련 자격증 취득 비용, 자소서 첨삭 컨설팅 비용 등의 내용으로도 지출되고 있었다.

그런데 문제는 단순한 비용에 대한 부담보다 '크게 취업에 도움이 되지 않아서', '직무와의 연관성을 찾지 못해서' 등의 이유로 취업준비 비용을 부담스럽게 생각하고 있다고 한다. 취업준비생이 생각하기에 진로에는 딱히 필요하지 않을 것 같은 스펙이더라도 기본이 10가지라고 하니 마지못해 굳이 꾸역꾸역 쌓아간다는 것이다. 얼마나 비생산적이고 안타까운 일인지 모르겠다.

더 안타까운 것은 적지 않은 비용을 들여 10가지 스펙을 쌓고도 취업준비생 스스로는 여전히 불안하다는 생각을 가지고 있다는 사실이다. 이 정도로는 부족한 것이 아닐까 하는 생각 때문이다.

몇 해 전, 제약회사에 취직한 후배가 취직하는 과정에서 크게 당황했던 경험을 들려준 적이 있다. 그 후배는 서류심사, 1, 2차 면접의 치열한 경쟁을 뚫고 3차 면접까지 가게 되었는데 면접관에게 관련 직종에서 3개월 동안 인턴을 경험했다고 말하자 도리어 면접관이 "'그것 말고는 없느냐?'라고 되묻더라는 것이다. 순간 머릿속이 하해졌지만, 어찌어찌 대학 동아리 활동 경력까지 총동원해 업무관련 경력을 어필해야 했다"라고 하며 한숨을 내쉬었다.

지금이야 합격도 했고, 어느 정도 시간이 지나 무덤덤하게 얘기할 수 있지만 당시의 기억을 떠올려보면 본인 딴에는 앞만 보면서 적지 않은 비용을 들여 스펙 쌓기를 했었는데 그것이 부족하다는 인상을 줬다고 생각하니 합격 발표일까지의 시간이 그렇게 조마조마하고 길게 느껴졌었다고 한다.

그렇다면 10가지 스펙을 쌓고 회사에 들어가면 이제는 걱정하지 않아도 될까?

스펙 10개를 쌓고
취업했어도 불안한 세대

얼마 전, 구인구직 사이트 '사람인'의 조사결과를 보고 적잖이 놀랐던 기억이 있다. 신입사원의 31%가 "입사 1년 이내 퇴사"를 한다는 것이다.

그리고 몇 년을 열심히 준비해서 원하는 회사에 합격한 지인이 술자리에서 직장에서의 고민을 이야기했다. 그렇게 뛸 듯이 기쁘게 들어 간 회사가 가기가 싫다고 했다. 하루는 상사가 회의 자료를 복사해오라고 해서 복사해서 갖다 줬더니 다짜고짜 "복사를 이렇게 해서 갖고 오면 어쩌냐?"라고 하며 눈물이 쏙 빠지게 혼을 냈다고 한다. 순간, '내가 할 줄 아는 게 이리

없나? 복사 하나 못하네.' 하는 자괴감까지 들었다고 한다. 심지어 스태플러 찍은 거 가지고도 혼이 났는데 방향이 이게 아니라면서 혼을 내는데 그 자리를 박차고 나가고 싶은 충동이 드는 걸 억지고 참았다고 했다. 이런 일들이 반복될 때마다 자존감과 자신감이 떨어지니 회사생활이 재미없고, 일상이 악순환의 연속이라고 말한다.

몇 년을 두문불출하던 후배가 오랜만에 연락을 해왔다. 가고 싶었던 회사에 최종 합격했다고 안부를 전해 내 일같이 기뻐했던 기억이 있다.

회사원들마다 첫 출근의 설레임을 간직하고 있을 것이다. 취업을 위해 최소 10개의 스펙 쌓기 노력을 했었고, 합격통지서를 받아들고 기뻐했던 기억이 아직도 생생하다. 주변 사람들에게 부러움의 대상이 됨과 동시에 축하인사도 받았다. 그리고 같이 일하게 될 동료들과의 첫 만남을 설레하면서 첫 날 입고 갈 옷을 다리고, 구두도 깨끗이 닦았다.

그런데 왜 회사원들은 특히, 사회초년생들은 이제 막 사회생활을 시작했는데 회사에 가기 싫은 마음이 드는 것일까? 본인이 원해서 간 회사임에도 불구하고 말이다. 입사 전에는 동아리 등에서 리더였고, 공모전 성적도 우수했고, 하는 일마다 잘한다는 소리만 들었던 나인데 도대체 무엇이 문제인지. 시간이 지나도 꼬인 실타래가 풀려질 기미가 보이지 않는다.

대학생활 내내 스펙을 쌓느라고 고3 못지 않은 생활을 하며 취업에 성공했을 때 얼마나 기뻤는가. 그간 스펙이라는 눈에 보이지도 않는 괴물과 싸워왔으니 그 기쁨은 말로는 표현하기 힘들었을 것이다.

사원증을 목에 걸고 나면 모든 게 다 잘 풀릴 것만 같았는데, 회사 출근일수가 늘어갈수록 점점 모든 게 잘 안 풀린다는 느낌을 갖는다.

압박이 불안감을 부른다

사회초년생은 학교에서는 느낄 수 없었던 사회에서 느끼는 압박, 성과를 내야 한다는 압박, 동료와 잘 지내야 한다는 압박, 상사에게 인정받아야 한다는 압박에 스트레스가 쌓이기 시작한다.

그러면서 나보다 인정받는 동료와 비교되면서 이 생활이 과연 내가 그토록 고생하면서 얻고자 한 생활이 맞는지 혼란스럽기 시작하고, 급기야 여기가 아닌 다른 회사로 가면 이 회사에서보다는 인정받고 잘 할 것 같은 생각도 한다.

그런 생각이 드는 것과 달리 당장 회사를 옮길 수도 없고, 여건이 되지 않으니 입사할 때의 기쁨과 달리 회사생활이 기쁘지 않다.

최근의 조사결과에 따르면 지난해 남·여 직장인을 대상으로 '직장인 회사 우울증'에 대해 조사한 결과 응답자 중 68.8%가 이에 시달린 경험이 있다고 답했다. 10명 중 7명 가까이가 일하면서 울적한 기분을 느껴본 것이다.

직장인이 겪는 우울증은 여러 가지 증상으로 나타나는데 '번아웃 증후군'과 '스마일 마스크 증후군'이 대표적이다. 특히,

'스마일 마스크 증후군'은 주로 감정노동이 심각한 서비스업 종사자나 '밀레니얼 세대인 사회초년생' 등 낮은 연차의 직장인에게서 자주 나타난다고 한다. 직장 내 관계 스트레스에서 오는 대표적인 우울 증상인 것이다.

그렇다면 사회초년생인 밀레니얼 세대는 왜 회사 우울증을 앓으면서 회사생활에 고전하는 것일까?

가장 큰 원인은 그동안 경험하지 못했던 것들을 회사에서 경험하고 있기 때문이다. 앞선 '신입사원의 조기퇴사 기사'에서 봤듯이 소셜미디어(SNS)를 통한 자기에 대한 표현력이 강하고 하나에 몰입하기 보다는 여러 가지를 동시에 하는 멀티태스킹 능력을 가지고 있는 세대인데 회사에서의 일은 한정적이고, 내 기분보다는 상사의 눈치를 보고 있으니 없던 병도 생길 것 같은 기분을 느끼게 된 것이다.

스펙 10가지를 다 쌓고 취업했지만 마음 편한 날 없는 직장생활 때문에 회사에 일이 잘 안 풀리고, 승진도 힘들고, 상사에게 자꾸 혼나는 게 '나 자신'이 문제가 아닐까 생각하게 된다.

'자존감'이 흔들리는 상황에까지 이르고 만다.

　그러다보니 직장생활을 하면서 퇴사를 같이 준비하게 된다. 여차하면 퇴사한다는 마음으로 말이다. 마음이 더 아파져서 고생하기 전에.

사회의 편견을
안고 있는 세대

어렵게 취업에 성공한 후에도 조직 내에서 겉돌기도 한다.

얼마 전 YTN에서 "90년대생을 이해하라. '꼰대 탈출' 위한 노력"이라는 제목의 뉴스를 방송한 적이 있다.

"요즘 젊은이들은 버릇이 없다"는 말은 옛날부터 있었다고 할 정도로 세대 간의 갈등은 어제, 오늘 일이 아니다"라는 기자의 멘트를 시작으로 최근의 '90년대생'인 밀레니얼 세대가 이전과는 확실한 차이를 보인다는 이야기를 했다.

또한, 회사에 대한 충성과 야근을 당연하게 생각했던 기성세대와 달리 밀레니얼 세대의 모습이 CF에서 그려지는 모습도 소개했다.

[○○생명 CF : 옆 팀 팀장이 (직원한테) 저녁 뭐 시켜줄까, 뭐 시켜줄까 그랬더니 '퇴근시켜주세요' 그랬다는 거야]

휴가를 다 쓰는 건 눈치 보이는 일이고, 후배가 눈앞의 고기를 굽지 않으면 화가 난다는 등의 질문에 답해보는 이른바 '꼰대 체크 리스트'를 소개하기도 했다.

그렇다면 기성세대들이 보는 밀레니얼 세대의 모습은 어떨까? 도리어 기성세대들은 밀레니얼 세대를 이해하지 못하겠다고 말한다고 한다. '일을 열심히 하지 않는다.', '힘든 일을 꺼려한다'는 인식도 있다. 또한 본인의 의견을 표현하는 데 익숙한 세대이기 때문에 예의가 없다는 인식도 있다.

밀레니얼 세대를 수식하는 말에는 여러 가지가 있다. '자아

도취적'이나 '야망 없는' 등 부정적인 수식어들이 그것이다. 그리고 대학을 졸업하여 얻은 학위만으로는 성공이 보장되지 않으며 불안한 취업시장과 학자금으로 고통받는 밀레니얼 세대는 희망적인 메시지를 잘 믿지 않고 장밋빛 미래를 꿈꾸지 않는다고 한다. 그래서인지 일에 대한 회의감이 많고 현실에 대해 매우 냉철하다고 보기도 한다.

기성세대의 편견을 안고 있는 밀레니얼 세대

'밀레니얼 세대는 면대면 의사소통을 싫어한다'는 편견이 있다. 밀레니얼 세대는 카카오톡이나 메신저가 익숙한 세대이다 보니 아무리 가까운 자리의 동료라도 직접 이야기하기보다는 카카오톡이나 메신저를 통해 대화를 하는 것을 선호한다. 기성세대는 이런 행동들이 버릇없어 보이고 불편하다고 한다.

'밀레니얼 세대의 집중력이 정말 낮다'는 편견이 있다. 밀레니얼 세대가 일을 할 때 보면 여러 개의 탭을 동시에 띄워놓고 핸

드폰은 핸드폰대로 만지는 것을 볼 수 있는데 이런 모습들이 기성세대의 눈에는 일에 대한 집중력이 현저히 떨어진 모습으로 보인다고 한다.

'밀레니얼 세대는 하루 종일 놀고싶어 한다'는 편견이 있다. 기성세대가 보기에 회사생활을 하는 것을 보면, 일을 하는 시간보다 동료들과 이야기하는 시간이 더 많고 일상에서도 "어디 가서 놀고 싶다"라는 식의 표현을 자주하다보니 일에 대한 의지가 없는 세대로 본다고 한다.

'밀레니얼 세대는 '하찮은 일'은 하지 않으려고 한다'는 편견이 있다. '설거지, 도시락 주문, 복사 등등'의 여러 업무와 관련된 일들을 '하찮은 일'로 치부하면서 속으로든 겉으로든 불편한 내색을 한다고 한다. 그런 '하찮은 일'은 기성세대는 상사가 지시를 하면 업무라고 생각하고 군소리 없이 했던 일들이다.

'밀레니얼 세대는 야망이 없다'는 편견이 있다. 과거 구직을 위해 밀레니얼 세대와 함께 모 기업의 취업설명회를 참가한 적이 있었다. 회사에 대한 소개와 기본적인 설명이 끝나고, 당시 그 회사의 최고 책임자가 설명회에 참가한 사람들에게 궁금한 것이 있으면 질문하라고 했다. 많은 참가자들이 비슷한 취지의 질문을 했고, 그 질문을 들은 책임자의 답변으로 설명회장은 한동안 정막이 흘렀었다. 질문인 즉, "회사에 취직하면 연봉이 얼마인가요?, 회사에서 주는 복지혜택은 무엇이 있나요?" 등이었는데 기성세대인 책임자 입장에서는 좀 더 야망있는 질문을 기대했었는지 '어떻게 하면 CEO와 같은 높은 직위에 올라갈 수 있는지', '직무별 어떤 업무를 하는지' 등의 질문이 아니여서 실망스럽다는 이야기를 했다.

이렇듯 밀레니얼 세대는 기성세대가 주류로 있는 현재 사회에서 편견을 안고 사회생활에 적응을 하고 있다.

달라도
너무 다른 세대

여러 나라에서 밀레니얼 세대를 주목하고 있다. 미상공회의소는 1980~1999년생을 밀레니얼 세대라고 규정하고 있고, 그 인구가 2030년에는 미국 인구의 1/3로 미 역사상 가장 큰 집단이 된다고 했다.

밀레니얼 세대의 개념은 2010년 린 C.랭카스터와 데이비드 스틸먼의 저서 〈밀레니얼 제너레이션〉에서 처음 나왔다. 이들이 분석한 밀레니얼 세대는 가치 있는 일을 통해 돈을 벌고 싶어하며 성공과 성취에 높은 의미를 부여하는 것이 특징이라고 한다.

또한, 컴퓨터와 함께 자라난 세대이기 때문에 IT 기술에 익숙하고 소셜 네트워킹을 통해 소통, 협력을 통한 의사결정도 중시한다.

미국에서 밀레니얼 세대를 주목하고 있는 이유는 현재 미국의 전체 노동 가능 인구 비율 중 밀레니얼 세대가 차지하는 비중이 2010년을 기점으로 상승세를 보이고 있기 때문인데, 컴퓨터에 둘러싸여 자라난 이들이 구매력까지 갖추니 애플을 비롯해 IT제품을 생산하는 업체들이 밀레니얼 세대를 잡기 위해서 노력하고 있다고 한다.

또 다른 밀레니얼 세대의 특징은 종교에 대한 관여도가 적다는 것이다. 젊고 불안정해서가 아니라 문화적 변화에 따른 것이라고 하는데 그 이유 중 하나로 꼽는 것이 개인주의의 성향이 강해졌기 때문이라고 한다.

최근 정부에서도 강조하고 있는 '워라밸'이란 단어가 있다.

일과 삶의 균형을 뜻하는 '워크 앤 라이프 밸런스(Work and Life Balance)'의 줄임말로 장시간 노동을 줄이고 일과 개인적 삶의 균형을 맞추는 문화의 필요성이 대두하면서 등장한 신조어인데, 이런 신조어의 등장이 특이한 밀레니얼 세대의 직업관과 연관성이 크다.

밀레니얼 세대는 일과 생활은 균형적이어야 한다고 생각한다. 말 그대로 워라밸이다. 평생 직장의 개념은 적어도 밀레니얼 세대에게는 해당사항이 없다. 자유로운 스케줄, 사업가로서의 긍지, 건강을 소중히 생각한다. 또한 사회적 경험을 대단히 중요하게 생각한다고 한다.

기성세대의 눈으로 볼 때 너무나 다른 세대

밀레니얼 세대는 그들만의 두드러진 특징이 있다. 그런 특징들로 인해 여러 가지 비난과 기대를 동시에 받고 있는 밀레니얼 세대는 기존의 기성세대들의 눈에는 낯설기만 하다.

밀레니얼 세대에게 있어 급여는 비밀이 아니고, 동료들과의 정보 공유라고 생각한다. 그래서 동료, 가족, 친구 등과 급여에 대해 이야기하는 밀레니얼 세대가 윗 세대보다 확실히 많다고 한다. 최근 실시된 조사에서는, 밀레니얼 세대의 30%가 동료와 급여에 대해 이야기 한 적이 있다고 대답한 반면, 베이비 붐 세대(53세~71세)는 8% 정도라 하니 확실히 생각이 다른 세대인 건 분명하다.

최근, 회사에서의 연례 인사 평가제도가 점점 사라지고 있다고 한다. 예를 들어 IBM은 매년 인사 평가를 중단하고, 최소한 분기별로 피드백을 실시하는 '체크 포인트'라는 시스템을 적용했는데, 더 나아가 "ACE"라는 앱을 사용하여 직원 간 더 캐주얼하고 지속적인 대화를 촉진하고 있다고 한다. 전문가에 의하면 이런 평가제도의 변화는 '1년에 한 번 인사 평가가 아니라 수시로 피드백을 해주었으면 한다.'라는 밀레니얼 세대의 생각을 반영하고 있다는 것이다. 밀레니얼 세대는 무엇이 옳고, 무엇이 실수인지, 무엇을 개선해야 할 것인가? 그것을 알기 위해 연말까지 기다리고 싶어 하지 않다는 것이다.

밀레니얼 세대는 '전통적인 자산보다 "고급" 자산에 투자하는 것을 선호한다.' 밀레니얼 세대의 대부분은 2008년 금융 위기 시절에 성인이 되었다. 그들은 주식과 같은 전통적인 자산 가치가 폭락하고, 은퇴 저축이 사라지는 광경을 목격한 세대라 경제관념도 기존 기성세대와는 차이를 보이고 있다.

밀레니얼 세대의 생활방식도 기성세대와는 다른 모습이다. '스스로 음식을 만드는 것이 아니라, 테이크 아웃을 주문하는 경향이 두드러진다', '강의에 출석하는 것보다 온라인 학습을 더 좋아한다.', '결혼하고 함께 사는 것이 아니라, 먼저 함께 살기 시작한다.', '스타터 홈(처음 주택을 구입하는 사람이 구입하는 비교적 작은 집)을 사지 않고, 보다 더 큰 집을 살 수 있을 때까지 참는다.', '육아에 관한 상담을 가족과 친구가 아니고, 구글에서 검색한다.', '백화점에서 쇼핑을 하지 않고, 이른바 패스트 패션에 몸을 맡긴다.' 등의 생각을 한다고 한다.

정말 기성세대가 보기에 달라도 너무 달라 평가하기도 어려울 것 같은 세대가 밀레니얼 세대인 것이다.

어렵게 취업하고도
퇴사를 준비하는 세대

〈머니투데이 2019. 05. 22〉자 기사에 다음과 같은 내용의 기사가 실렸다.

사상 최악의 취업난에도 입사 후 1년을 넘기지 못하고 퇴사하는 신입사원들이 늘어나는 것으로 나타났다.

사람인 에이치알이 운영하는 구인구직 매칭플랫폼 사람인은 22일 최근 1년 신입사원을 채용한 기업 416개사를 대상으로 '입사 1년 미만 신입사원 중 퇴사자 발생 여부'를 조사한 결과 '있다'는 응답이 74.8%로 나타

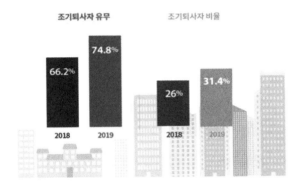

최악의 취업난에도 조기퇴사자 증가

기업 416개사 설문조사 [자료제공: 사람인]

조기퇴사자 유무   조기퇴사자 비율

74.8%

66.2%

31.4%

26%

2018   2019   2018   2019

났다고 밝혔다. 지난해 같은 조사 결과(66.2%) 대비 8.6%포인트 증가한 수치다.

전체 입사자 대비 조기퇴사자의 비율은 평균 31.4%로 조사됐다. 이 역 시 작년 평균 조기퇴사자 비율(26%)에 비해 5.4%포인트 늘어났다. 조기 퇴사자들은 입사 후 평균 4.6개월을 근무하고 회사를 떠나는 것으로 나 타났다. 특히 조기퇴사자들의 54%는 3개월 이전에 퇴사했다.

조기퇴사자들이 회사에 밝힌 퇴사 사유는 '적성과 안 맞는 직무'가 59.2%(복수응답)로 가장 많았다. 다음으로 '대인관계 등 조직 부적응'(26.4%), '낮은 연봉'(23.8%), '담당 업무 불만족'(23.2%), '타사 합격'(15.8%) 등의 순이었다.

그러나 기업들이 생각하는 신입사원의 퇴사 이유는 '이상과 현실의 괴리'(39.5%, 복수응답)가 첫 번째였다. 계속해서 '책임감 낮음'(28.9%), '묻지마 지원 등 급한 취업'(28.6%), '인내심 부족'(27.3%), '직업의식 부족'(27%), '부족한 연봉과 복리후생'(26.4%) 순이었다. 퇴사의 원인을 사측보다는 신입사원 측으로 보는 경향이 높은 것으로 풀이된다.

조기퇴사자들로 인해 기업들이 입은 피해를 묻는 질문에는 '추가 채용으로 인한 시간 및 비용 손실'(77.2%, 복수응답)이라는 답변이 압도적으로 많았다. 이밖에 '기존 직원의 업무량 증가'(43.7%), '기존 직원의 사기 저하'(38.6%), '교육비용 손실'(35.4%), '업무 추진 차질'(34.7%) 등의 피해로 나타났다.

이런 상황에서 신입사원 조기퇴사를 막기 위해 회사가 기울이는 노력으로는 '복리후생 강화(38.5%, 복수응답)'라는 응답이 가장 많았다. 계속해서 '초봉 인상 등 근무조건 개선'(34.9%), '선배 직원과 멘토링'(33.7%), '높은 인센티브 등 동기부여'(24.3%,), '적성에 따른 업무 재배치'(16.3%) 등이 있었다.

위 기사의 내용처럼 조직에서 마주치는 문제를 퇴사말고는 해결할 방법이 없었을까? 어떻게 들어간 회사인데 문제가 생겼다고 1년이 채 지나지 않아 나올 생각을 한다면 그보다 아깝고 안타까운 일은 없을 것이다.

제2장

90년생,
오너십이 필요한 세대

기업은 면접에서
오너십을 검증한다

좋은 인재를 얻는 일은 만고의 과제라고 한다. 전 맥킨지 회장 라자 굽타는 "21세기는 인재확보를 위한 전쟁이다. 기업의 핵심경쟁 원천은 물적자원에서 인적자원으로 변화하고 있다"고 언급한 바 있다. 라자 굽타의 말과 같이 인재를 확보하는 일은 예나 지금이나 중요한 일이다.

어떤 조직이든 이상적인 인재상의 인재를 영입해 그 조직의 번영을 꾀하는 일은 시대를 거슬러 올라가도 중요한 일이었다. 많은 국가들이 '휴먼웨어'로서(환경의 변화에 따라 일어나는 일반생활인이나 직원의 가치관 변화에 대응하여 인간의 가치를 실현하려는 조직인의 태도, 마음가짐, 동기 부여정도, 의식 또는 자질을 총칭하여 일컫는 신조어) 그 나름의 인재상을 설정하고 이를 확보하기 위한 인재 전쟁을 벌여왔고, 지금은 기업에서 그 인재를 확보하기 위한 전쟁 중이다.

최근에는 조직적합도가 주요 평가요소로 대두되면서 기업의 인재상에 대한 평가 비중도 커지는 추세이다. 실제로 인사담당자 10명 중 7명이 직무역량이나 스펙은 좋지만 기업의 인재상에 부합하지 않아 지원자를 탈락시킨 경험이 있었으며, 반대로 직무역량, 스펙 등은 부족하지만 기업의 인재상에 부합해 합격시킨 지원자가 있다고 밝혔다.

기업들은 인재상 부합여부를 주로 '면접'을 통해서 확인하고 있다고 하는데 기업 10곳 중 9곳은 인재상에 부합하는 인재를 채용하기 위해 '심층 면접'을 실시한다. 그렇다면 인사담당자가 가장 중요하게 평가하는 인재상 키워드는 무엇일까?

인사담장자가 평가 시 가장 중요하게 보는 인재상 키워드로는 '성실성', '책임감', '오너십', '열정', '전문성', '소통' 등이라고 한다.

1950년대 세계 100대 기업의 평균 수명은 약 60년이었고, 오늘 날 세계 500대 기업의 평균 수명은 16년이다. 한치 앞을 예측하기 힘든 변화 속에서 기업들이 생존을 위해 고군분투하고 있다. 세계적인 전자·전기기업 독일 지멘스(Siemens AG)는 내년이면 설립 170년을 맞이한다. 조 케저(Joe KAESER) 지멘스 회장 겸 최고경영자(CEO)는 지멘스 직원들의 오너십이 기업의 미래를 결정한다고 강조하곤 했는데 한 포럼의 특별 세션에 나서 '통일한국, 기업에서 미래를 찾다'를 주제로 한 강연에서 지멘스의 기업 경영 방침을 직원들과의 '오너십' 공유라고 소개하기도 했다.

기업이 원하는 진짜 스펙은 오너십이다.

한 음식점 사장이 고민에 빠졌다. '왜 내가 음식점에 있는 날과 없는 날의 매출 차이가 클까?', '내가 보기에는 직원들이 열심히 일하고 고객 응대도 잘하는 것 같은데….' 그러던 어느 날 한 단골손님이 "사장님이 있을 때와 없을 때 직원들의 서비스가 달라요"라고 귀띔한다.

　모 기업의 신입사원 면접 시험장. 한 면접 위원이 대기자들 사이를 지나면서 몰래 휴지 한 조각을 떨어뜨리고 간 뒤 대기자들의 반응을 살핀다. 떨어진 휴지를 치우는 지원자가 있으면 면접 평가서에 표시를 해둔다.

　음식점 사장이 있을 때와 없을 때의 매출 차이가 발생한 이유는 무엇 때문이었을까? 면접 위원은 무엇을 알아보기 위해 면접 대기자들 앞에 휴지를 떨어뜨려 놓았을까? 두 사례에서 이야기하고자 하는 핵심내용은 '직원들의 회사와 조직을 대하는 태도'이다. 그렇다면 사장과 인사담당자들이 생각하는 '직원들의 회사와 조직을 대하는 태도'란 무엇일까? 아마도 그런 태도를 가진 직원은 기업이 함께 일하고 싶은 인재의 이상적인 모습일 것이다.

직원들의 회사와 조직을 대하는 이상적인 태도는 회사의 일을 내 일과 같이 주체적으로 하는 공동체 의식이 동반된 행동이다. 그리고 이런 공동체 의식이 동반된 행동은 '오너십'이 있는 행동이다.

글로벌 기업 지멘스의 회장이 기업의 미래를 결정한다고 강조한 '오너십'은 100대 기업의 인재상으로 항상 상위의 순위에 랭크되어 왔다. '오너십'은 기업의 채용과정에서 스펙을 완벽히 갖춘 사람을 불합격 시키거나 스펙 중 일부가 부족하더라도 합격시킬 수 있는 것이 '오너십 스펙'이다.

흔히들 오너십을 기업의 오너에게나 필요한 마인드라고 생각한다. 그래서 고리타분하고, 젊은 세대에게는 어울리지 않고, 직원에게 오너십을 요구하는 건 무리한 요구라고 생각하기도 한다. 그렇기 때문에 오너십이라는 자체가 주는 거부감이 있다.

오너십은 이런 것이라고 생각한다. 만약 우리집 마당에 큰 돌 하나가 놓여져 있다면 어떤 생각이 들까? 일단 미관상 좋지 않고, 저 돌에 우리 가족 중 누가 걸려 넘어질 수도 있겠다는 생각을 하게 될 것이다. 하지만 이런 생각을 한다고 해서 오너십 있는 사람이라고 하지 않는다. 오너십은 반드시 행동이 동반되어야 하기 때문이다. 돌에 걸려 넘어질 것을 생각했다면 안전사고가 발생하지 않게 안전한 곳으로 돌을 치우는 행동까지 한 사람이 오너십 있는 사람이라고 생각한다.

음식점 사장이 고민하고 있는 부분, 면접 위원이 평가하고자 했던 오너십은 기업의 성패를 좌지우지 할 수 있다. 그래서 지금도 기업들은 '오너십'을 가진 인재를 채용하기 위해 검증에 최선의 노력을 다 하고 있다.

기성세대는 알고 밀레니얼 세대는 모르는 것

밀레니얼 세대가 입사를 하게 되면 함께 생활하게 되는 중간 관리자급 이상의 상사는 베이비붐 세대나 X세대라 불리었던 기성세대이며, 현재의 사회와 기업을 이끌어 가는 주된 세대이다.

베이비붐 세대는 전쟁 후 베이비 붐의 사회적 경향에서 태어난 세대를 말하는데, 나라마다 시기의 차이가 있지만 우리나라는 '1955년에서 1963년 사이에 태어난 사람'을 의미한다. 그리고 이들 세대는 우리나라의 경제성장과 변혁을 이끈 사회적 의미가 특별한 세대로 평가받는 세대이다.

X세대는 1990년대 초반 더글라스 코플랜드의 소설 'X세대'에서 유래되어 '1965년에서 1976년 사이에 태어난 사람'으로 대개 맞벌이 부부 사이에서 키워졌고, 인터넷 문명을 즐기기 시작한 첫 세대로 정의되는 세대이다.

베이비붐 세대는 한국전쟁 후 여러모로 어려웠던 대한민국을 재건해 지금의 사회가 있게 한 주력세대이고, X세대는 큰 틀에서 기존 사회가 구축한 체제를 대체적으로 수용하며 성장해 온 세대이다. 결국 베이비붐 세대가 전반적인 사회의 기틀을 마련했다면 사회변화에 맞게 기존의 시스템을 수정·보완해 온 세대가 X세대인 것이다. 그렇게 사회 곳곳의 조직들이 형성되면서 견고해졌고, 자연스럽게 조직 내에서 잘 견디고 성장하는 것이 능력으로 평가받는 현재의 기업문화로 자리를 잡게 되었다.

그렇다면 기성세대들이 말하는 현재의 기업문화에서 잘 견디고 성장하는 능력이란 무엇일까? 그리고 왜 그들은 그 능력을 그렇게 중요하게 여길까?

기성세대는 알고 밀레니얼 세대는 모르는 것

학창시절 선생님으로부터 들었던 옛날이야기가 있다. 어떤 마을로 가기 위해서는 지나쳐야 하는 길이 있었다. 그런데 길의 한가운데 돌이 박혀 있는데도 사람들은 피해 다니기만 했다고 한다. 말들은 돌에 걸려 다리가 부러지거나 죽기도 했고, 사람들이 싣고 가던 물건들은 떨어지고 부서져 못쓰게 되었다.

그러던 어느 날, 한 소녀가 가족이 양조한 맥주를 술집에 배달하러 가던 중 맥주통을 떨어뜨려 산산조각이 났다. 통은 물론 맥주까지 모두 못쓰게 되었다. 그동안 맥주를 판 돈으로 하루하루 겨우 가족의 끼니를 해결했었는데 돈 한 푼 없이 돌아가야 할 상황이 되자 망연자실하여 깨진 맥주통만 바라보며

우는 것 말고는 할 수 있는 게 없었다.

　그렇게 한참을 넋을 놓고 있다가 소녀는 문득, 왜 돌이 저곳에 박혀 있는지 궁금해졌다. 그동안 나와 같이 사람들이 다치거나 물건이 못쓰게 되었을 거라는 생각도 들었다. 그래서 손에 피가 나도록 돌을 파헤치기 시작했다. 주변에 있는 걸 다 동원해서 몇 시간이 걸려 결국 돌을 꺼냈다. 그리고 돌을 파낸 구멍을 메우려다가 뭔가를 발견하게 되었는데 바로 금이 든 자루였다고 한다.

　이 돌은 왕이 돌을 파내는 사람, 뭔가 하려는 사람들은 '보상을 받아 마땅하다', '자기 인생을 살 자격이 있다.'라는 생각으로 일부러 길에 심어 놓은 것이었고, 그 금이 든 자루를 가지고 집으로 돌아간 소녀는 더 이상 끼니 걱정을 하지 않고 살 수 있었다고 한다.

　소녀의 이야기는 과거 대한민국의 어려웠던 상황과 많이 닮아있다. 당장에 먹고 사는 문제를 최우선으로 해결해야 할 시기가 있었고, 그 시기는 나와 내 가족만을 생각하기에도 급급한 시기였다. 하지만 그럼에도 불구하고 소녀와 같은 생각과 행동으로 나라와 사회를 생각했던 사람들의 노력이 있었기에 지금의 대한민국이 있게 되었다는 생각이다.

기성세대들은 무에서 유를 창조했다고 해도 과언이 아닐 정도로 많은 것들을 이뤄낸 세대들이다. 특히, 기성세대 중 베이비붐 세대는 어려운 시기를 극복해 나가는 과정에서 자연스럽게 지금의 가치관이 형성되었다고 할 수 있다. X세대 역시 베이비붐 세대의 가치관의 영향을 받아 그들이 생각과 행동의 중요성을 인식하며 성장해 왔고, 그런 가치관들은 현재의 기업문화의 기틀로 발전하게 되었다.

기성세대는 사회생활은 자신에게 주어진 역할에 최선을 다해야 하는 것은 사회와 사회구성원에 대한 책임도 중요하게 생각해야 한다는 일종의 공동체 의식을 가지고 있다. 그러한 공동체 의식을 바탕으로 한 생각과 행동이 과거의 어려운 시기를 잘 이겨낼 수 있었던 원동력이 되었다고 생각하고 있다.

밀레니얼 세대가 토로하고 있는 어려움은 지금의 수직적인 분위기의 기업문화에 대한 부적응의 과정으로 보인다. 그러나 수직적인 기업문화가 기성세대가 여러 어려운 상황을 이겨내는 과정에서 형성된 것임을 절대 간과해서는 안 된다.

기성세대와 사회초년생인 밀레니얼 세대들이 생각하는 '회사의 일을 내 일처럼 하라'의 의미는 다르다. 우선 성장해 온 환경의 차이가 너무나 크다. 그래서 엇박자가 난다. 시대는 변화하고 있고, 사회 구성원들의 가치관도 변화하고 있다. 기성세대는 사회의 변화 속에서 밀레니얼 세대에 대한 이해를 위한 노력이 필요하다. 하지만 밀레니얼 세대 역시 기성세대의 가치관과 현재의 기업문화가 이뤄지기까지의 과정을 존중하고 이해하려고 하는 노력 역시 필요하다.

기성세대와 밀레니얼 세대가 부딪히는 이유를 알아가면서 나는 그동안 기성세대들을 이해하기 위해 얼마나 노력했는지 되돌아 보는 시간을 갖게 되었다. 시작이 쉽지만은 않겠지만 밀레니얼 세대는 내가 현재의 기업문화에 적응하기 힘들다는 생각보다 첫 출근의 설레임을 되새겨 보고, 기성세대들과 맞서기 보다 기성세대의 생각과 행동의 이해를 통해서 세대가 상생할 수 있는 지혜를 발휘해 보아야 한다. 더구나 그것이 내가 회사에서 성장할 수 있는 원동력이 될 수 있다면 충분히 시도해 볼 가치가 있다.

밀레니얼 세대는
왜 오너십을 갖추지 못했나

밀레니얼 세대는 오너십에 대한 생각이 없는 걸까, 모르는 걸까.

그동안 군 복무를 통해서, 현재 강사를 하면서 누구보다 가까운 곳에서 밀레니얼 세대를 오랫동안 지켜보았다. 지켜본 바로는 그들이 오너십이 없다기보다는 몰랐다는 것이 더 정확한 것 같다.

〈한국일보 2019.08.09.〉자에 '反日 중심'에 선 밀레니얼 세대라는 제목의 기사가 실렸다.

20대, 일본 문화에 친숙하고 호감도 높지만 불매운동 참여 76%에 달해
SNS 통한 정서적 동조 · 강화 현상… 윤리적 소비 경향이 파급력 키워

'**가지 않습니다** 사지 않습니다.' 일본 아베 정부의 무차별적 경제도발
직후 인스타그램이나 트위터 등 사회관계망서비스(SNS)를 점령한 해시
태그다. SNS의 해시태그 운동은 유니클로 등 일본 패션브랜드의 매출
급락과 일본행 항공노선 취소 등 걷잡을 수 없는 현실의 반일운동으로
이어졌다.

SNS의 해시태그 운동을 주도한 세대는 다름 아닌 2030 밀레니얼
(Millennial). 정보기술(IT)을 자유자재로 활용하는 밀레니얼은 이뿐 아니
라 SNS 프로필 사진에 'NO JAPAN' 배너를 걸어 공유하는 등 자발적이
고 능동적인 방식으로 반일을 실천에 옮기고 있다. 한일관계가 악화할
때마다 일본대사관 앞으로 몰려가 일장기를 소각하거나 오물을 투척하
는 등 과격한 행동으로 감정을 분출하던 과거 세대와는 다른 방식이다.
일제 식민시대를 경험하지 않았고 일본의 앞선 기술에 주눅들 이유도
없는 밀레니얼 세대가 행동에 나서면서 반일 운동의 흐름도 완전히 달
라졌다.

2000년 전후에 태어난 밀레니얼은 흔히 반일 의식이 약하다고 알려져 있다. 과거 세대와 달리 일본에 대한 열등감이 없고 일본 문화에도 친숙하기 때문에 일본에 대해서는 도리어 호감도가 높다. 실제 한국갤럽이 일본의 경제도발이 시작된 7월 1일 직후 조사한 여론조사에서 20대는 51%가 일본인에 대한 호감을 표시했다. 일본인에 대한 호감도는 30대에서 40%, 40대는 41%, 50대는 43%. 60대 이상에서 32%로 노년층일수록 낮아졌다.

하지만 일본의 경제도발이 시작된 뒤로 밀레니얼을 포함한 2030세대는 반일의 최전선에서 일본제품 불매운동 등을 이끌고 있다. 특히 SNS의 반일운동은 밀레니얼이 주도하고 있다. 오래 전 계획했던 오사카행 비행기와 호텔 예약을 최근 취소했다는 대학생 최지희(22)씨는 SNS에 "NO JAPAN" 배너를 게시하면서 적극적 반일에 나선 경우. 그는 "'가지 않습니다' '사지 않습니다'라는 해시태그를 덧붙이자 '좋아요' 숫자가 순식간에 1,300여 개로 폭주했다"면서 "내가 할 수 있는 최선의 반일을 고민하다 행동으로 옮겼다"고 말했다.

밀레니얼의 반일에는 IT가 빠지지 않는다. 유튜브에는 10대들 100명이

출연해 일본에 한마디씩 하는 영상 등이 올라오고, 온라인 여행 동호회
는 예약한 여행 취소 인증샷을 올리는 식이다.

밀레니얼의 반일 행동은 일본이 경제도발의 강도를 높일수록 더욱 수
위를 높여갔다. 한국갤럽이 7월초 실시한 여론조사에서 일본 보이콧
운동에 참여하겠다는 20대의 응답률은 66%였다. 60대 이상(59%)보다
조금 높은 수준이었다. 하지만 일본이 화이트리스트 제외를 발표하기
직전 리얼미터 조사에서는 20대의 참여의사가 76.1%로 높아졌다. 60
대 이상에서 44.8%로 보이콧 참여의지가 크게 꺾인 것과는 완전 다른
양상이다.

일본에 열등감 없어 과감하다

밀레니얼 세대가 이처럼 반일에 적극적으로 나서는 이유는 여러 가지로
해석된다. 우선 일본에 대한 열등감이 없는 세대라는 설명. 기성 세대에
게 일본은 한국과 비교도 안 되는 선진국이었지만 밀레니얼에게 한일은
모든 면에서 격차가 없는 관계라는 것이다. 신광영 중앙대 사회학과 교
수는 "젊은 세대들 입장서 볼 때는 한국이 전혀 일본보다 못하는 게 없

음에도 불구하고 아베 총리가 마치 가난한 동네 이웃 다루듯 대하니까 불만을 갖고 화를 내는 현상이 커지는 것"이라고 분석했다.

보편적 인권 문제에 공감하는 젊은 세대의 특성도 반영돼 있다는 게 전문가들의 분석이다. 최진봉 성공회대 신문방송학과 교수는 "최근 미투 운동과 연결돼 파급력이 컸던 일본군 위안부 문제, 강제징용 문제 등은 젊은 세대가 공감하는 보편적 인권의 문제"라며 불매 운동의 파급력이 컸던 배경을 설명했다. 이영애 인천대 소비자학과 교수는 "20대는 윤리적 소비에 호응하는 경향도 크다"면서 "SNS를 타고 일본의 반인도적 행태에 대한 분노가 번지면서 젊은 소비층의 광범위한 동참이 이어졌다"고 설명했다.

목표는 일본 국민 아닌 '반 아베'

밀레니얼이 가세하면서 반일운동의 흐름과 방향도 완전히 달라졌다. 우선 반일의 목표를 일본 사람이나 또는 일본 문화 전체로 두지 않고 경제 보복을 주도한 아베 총리에 집중하고 있다. 6일 서울 중구청이 서울 시내 한 복판에 '노 재팬' 깃발을 내걸었다가 "노 재팬(NO JAPAN)이 아니라 노 아베(NO ABE)여야 한다"는 집중견제를 받은 것이 대표적인 흐름의 변화다.

생활 속 반일 실천도 밀레니얼의 특징으로 꼽힌다. 박새롬(25)씨는 "일본어가 써 있으면 바로 돌아서지만 일본 제품인지 헷갈리면 스마트폰으로 바로 찾아본다"며 "기업들의 일본 지분 얘기가 분분한데 '지분이 절반 이상인 기업의 제품은 웬만해선 안 쓴다'는 내 나름의 기준을 세워뒀다"고 말했다.

일제 필기구를 애용했던 대학생 김모(22)씨는 "대체할 만한 국산 볼펜을 찾고 있다"며 "막상 안 쓰려고 하니 아무 생각 없이 무심코 사용했던 일본 제품들이 많다는 걸 깨달았다"고 밝혔다.

더 이상 광장에서 세 과시를 하지 않는다는 점도 변화의 양상이다. 일본의 화이트리스트 제외 결정 이후 첫 주말이었던 지난 3일 서울 광화문 광장에는 1만5,000여명의 성난 시민들이 몰렸지만 20, 30세대보다는 50대 이상이 주를 이뤘다. 최진봉 교수는 "기성 세대의 반일 운동에 기본적으로 과격한 요소가 많았다면 현재 젊은 층은 자발적인 놀이 문화처럼 확산시키고 있는 것"이라고 설명했다.

　오너십이 있는 사람은 자신과 타인, 사회에 대한 책임을 지기 위한 생각을 하고 행동으로 실천하는 사람이라고 생각한다. 위 기사의 내용에서도 잘 드러나듯이 밀레니얼 세대들은 비록 오너십이라는 개념을 집에서도 학교에서도 배우지 못했지만 많은 밀레니얼 세대는 이미 큰 틀에서 오너십을 갖고 생각하고 행동으로 실천하고 있었다. 그들은 이미 오너십을 갖춘 세대였던 것이다. 하지만 안타까운 것은 그들이 가진 오너십을 잘 활용하지 못하고 있다는 사실이다.

4차 산업혁명 시대
원동력이 되는 오너십

  1971년에 시작된 세계경제포럼은 스위스 제네바에 본부를 둔 민관 협력을 위한 국제기구로(스위스 다보스에서 열려 일명 '다보스포럼'이라고 불린다.) 매년 1월에 저명한 기업인, 경제학자, 저널리스트, 정치인 등이 모여 세계 경제에 대해 토론하고 연구한다. 그리고 2016년의 주제는 '제4차 산업혁명의 이해'였는데 창립자인 클라우스 슈밥이 '4차 산업혁명'이라는 개념을 처음으로 주창하면서 그 내용이 지금까지 이어져 오고 있다.

  그렇다면 다가오는 4차 산업혁명 시대에는 어떤 역량을 보유해야 할까? 2016년 다보스포럼에서 발표한 '2020년의 미래 인재의 신역량'은 다음과 같다.

1. 복잡한 문제 해결 능력 (Complex Problem Solving)
2. 비판적 사고 (Critical Thinking)
3. 창의성 (Creativity)
4. 인사(사람) 관리 (People Management)
5. 협력 (Coordinating with Others)
6. 감성지능 (Emotional Intelligence)
7. 결정과 판단 능력 (Judgement & Decision Making)
8. 서비스 지향성 (Service Orientation)
9. 협상력 (Negotiation)
10. 인지적 유연성 (Cognitive Flexibility)

4차 산업혁명 시대를 이끌어 갈 세계 최고의 혁신기업 구글은 채용에 엄청난 시간과 비용을 투입하는 것으로 잘 알려져 있다. 직원이 2만 명이었을 때 인사 채용 담당자가 1000명이나 됐고 직원이 5만여 명으로 늘어난 지금 인사 채용 담당자는

2500여 명에 이르는데 직원 한 명을 채용할 때마다 매번 채용 공고를 내고 채용 절차를 진행하는데 직원을 한 명 뽑는 데 적게는 150시간, 많게는 500시간이 걸린다고 한다.

구글은 특히, 사람을 잘못 뽑으면 교육 훈련을 포함해 '백약이 무효'라는 사실을 경험을 통해 깨닫고, 이른바 '문제 직원'의 입사를 막기 위해 총력을 기울이고 있다. 아무리 똑똑하고 성과가 좋고 창의성이 뛰어나도 인성에 문제가 있다고 판단되면 절대 뽑지 않는다고 한다.

다음의 인재상을 살펴보면, 구글이 왜 그렇게 채용단계에서 많은 공을 들이고 있고, 회사들이 예측이 어려운 4차 산업혁명 시대 치열한 경쟁 속에서 살아남기 위해 어떤 인재들을 원하게 될 것인지 미뤄 짐작할 수 있다.

1. 여러 지식을 융합, 응용할 수 있는 폭넓은 지식인재
2. 현장에서 협업을 이끌어내는 리더십
3. 메타인지 능력(종합적, 통합적 사고)

4. 오너십

5. 지적겸손

 세계경제포럼에서 발표한 미래인재의 신역량(인사관리, 협력, 서비스 지향성 등)과 구글의 인재상을 종합해 보면 종합적인 사고력을 바탕으로 여러 지식을 융합(연결)하여 혁신을 만들어 내고, 사람들과 협력하여 그들을 포용할 수 있는 리더십과 자신은 물론, 타인과 사회를 책임질 줄 아는 오너십을 가진 사람이 4차 산업혁명 시대를 이끌어 갈 수 있는 인재로 성장할 수 있음을 알 수 있다.

 지금까지 국, 영, 수를 잘하는 사람이 인재로 평가받던 시대에서 통합적 사고와 창의성, 새로운 가치를 창조하는 능력을 가진 사람이 인재로 평가받는 시대가 오고 있다. 이러한 능력은 주입식 암기능력보다 스스로 학습하고 사고하고 판단하는 힘으로부터 생겨날 수 있다.

 1차 산업혁명을 거쳐 2차 산업혁명 시대는 '물질을 생산하여 발전시키는 것'이 주된 활동이였다면 지금의 3차 산업혁명 시대는 1, 2차 산업혁명의 산물을 '인터넷 네트워크를 통해 새로운 부가가치를 창출'하고 있다. 이에 4차 산업혁명 시대는 사람 간의 상호교류가 심화되어 바른 인성이 부각되고 새로운 가치 창출을 위한 창의력 등의 정신적 요소가 중요한 시대가 될 것이라고 한다.

4차 산업혁명 시대에는 인공지능 등의 기술발달이 인간의 노동력 뿐만 아니라 정신적 활동까지 대체하게 된다. 이미 미국의 메이져리그의 기사는 인공지능이 작성한지 오래고, 게시판의 질문 글도 인공지능의 역할이 되었다. 현재에는 왓슨과 같은 인공지능이 질병의 진단 및 치료 등을 담당하면서 머지않아 인공지능과 로봇이 의사를 대체할 것이라는 예측도 있다. 또한, 빅데이터를 분석하여 결과를 추론하는 영역까지 다양한 곳에서 4차 산업혁명 시대의 기술이 적용되고 있다.

이에 많은 일자리가 사라지지만 인간의 역할에 대한 중요성은 더욱 커질 전망이다. 전문가들에 의하면 아무리 인공지능의 기술이 발달하여도 인간이 가진 본연의 감성, 인성, 협업,

책임감, 도덕성 등은 대체불가의 영역이라고 말한다. 즉, 인간의 인성과 도덕성이 미래기술에 대항할 최고의 경쟁력인 셈이다.

4차 산업혁명 시대에 더욱 중요해진 인간의 윤리

유발 하라리의 저서 〈호모데우스〉는 신이 되고자 하는 호모사피엔스의 미래와 걱정이 담긴 책이다. 이 책에서 작가는 미래사회의 '윤리'에 대한 부분을 걱정하고 있다. 오늘 날, 인류의 미래를 정확히 예측한다는 건 거의 불가능한 일이다. 데이터 자체의 양도 양이지만 변화의 속도가 너무나 빠르기 때문에 기존의 경험과 상식을 가지고 예측하는 것 자체가 어렵기 때문이다. 하지만 작가가 궁극적으로 걱정하는 것은 인간의 쓸모가 사라지고 호모데우스만이 살아남을 것이라는데 있다. 결국, 미래사회에서 호모사피엔스를 버팀목 할 수 있는 것이 인성과 도덕성과 같은 '인간의 윤리'이다.

알리바바의 창업주 마윈(马云) 회장이 이런 이야기를 한 적이 있다. "성공하기 위해서는 EQ(감성지수, Emotional Quotient)가 필요합니다. 단기적 관점에서 패하지 않으려면 IQ(지능지수, Intelligence Quotient)가 중요합니다. 그리고 남에게 존경을 받고 싶다면 LQ(사랑지수, Love Quotient)가 중요합니다. LQ는 바로 사랑하는 지능입니다." 라고 하면서 AI에 대적할 수 있는 인간의 능력으로 LQ를 꼽았고, 그는 "성공하고 싶다면 EQ를 높이고, 지고 싶다면 IQ를 높여라. 하지만 존경받고 싶다면 LQ를 높여라. LQ만이 인간이 가질 수 있는 힘"이라고 했다.

또한, 마윈은 2018년 2월 7일, 연세대에서 열린 '글로벌지속가능발전포럼(GEEF)'에서 이전에 한 번도 본 적 없는 한자를 하나 소개하기도 했는데, 이 글자는 본인이 직접 만든 '신(xin)'이란 한자라고 설명했다. 가족이란 뜻의 친할 친(親)자와 심장을 뜻하는 마음 심(心)자를 합친 '신(xin)'자를 소개하며 '모든 세상이 가족과 같아져야 한다'는 뜻을 담았는데 "효율적으로 기술을 활용하며 '신(xin)'을 마음에 품고 그걸 해낼 수 있는 역량을 갖춰야 한다"고 말했다.

클라우스 슈밥의 저서 〈제4차 산업혁명〉 중 '정체성, 도덕성, 윤리' 부분에서도 사회적 불평등을 뛰어넘는 불평등과 인간으로서 마주하게된 윤리적 문제에 대해 언급하고 있다. 결국 미래사회에서 중요한 부분은 사람의 역할이라는 것이다.

많은 사람이 걱정하는 미래 사회의 인간윤리와 관련된 문제에 대한 대비로 4차 산업혁명 시대가 요구하는 사고 능력과 바른 인성을 키우기 위한 노력이어야 한다. 그리고 다가오는 미래 사회의 특징을 어떻게 이해하고 무엇에 집중해야 할 지 신중하게 생각해야만 한다.

오너십은 자신의 인생에 최선을 다하는 것만큼 타인과 사회에 대한 책임을 다하는 이타적이고 공동체를 생각하는 마음이다. 그리고 이런 오너십은 미래 사회를 걱정하는 인간의 윤리와 관련된 문제를 대비하는 최소한의 대비책이 될 수 있다는 생각이다. 이는 마윈이 만들어 낸 신(xin)이라는 한자가 이야기하는 '모든 세상이 가족과 같아져야 한다'는 것과 맥락을 같이한다. 결국, 작게는 회사로부터 크게는 사회의 구성원들이 오너십 있는 생각과 행동을 하게 된다면 4차 산업혁명 시대의 원동력이 될 수 있다고 생각한다.

사회생활을
수월하게 만드는 오너십

사회생활이라고 함은 사람이 직업을 가지고 일을 하면서 사는 생활의 뜻을 가지고 있다. 또는 직장생활이라고도 한다. '사회생활을 안 해본 티가 난다'는 말도 있는데 회사에서 구성원들과 잘 어울리지 못하거나 또는 업무에 잘 적응하지 못하는 사람을 빗대어 얘기하는 것이다.

모 기업에서 과장으로 재직 중인 친구와 대화를 나누다 들었던 이야기이다. 같은 부서의 동료 A씨는 유독 술 한잔 같이 하자는 후배들이 많다고 했다. 알고 보니 후배들이 정말 A씨와

술을 마시고 싶어했던 것이 아니라 사회생활의 고충을 상담하고 싶어 연락한 것이었다.

그렇게 만나 함께 한 술자리에서 후배들이 하나 같이 "선배님 부럽습니다. 제 롤모델입니다."라고 뜬금 고백을 했다고 한다. 힘들게 입사했는데 "출근하기가 겁난다.", "직장생활이 이렇게 어려운지 몰랐다" 라고 하면서 자신을 롤모델이라고 하는 것이 처음에는 그렇게 적응이 안 되었다고 한다.

과연 A씨는 어떻게 사회생활을 했길래 잘 알지도 못하는 후배들이 롤모델을 삼고 싶다고 하고, 고충상담을 하자고 했을까? 이야기인 즉 이렇다. 자신과 부서원들을 못 잡아먹어서 안달이 난 상사가 그 A씨한테는 항상 웃으면서 대하고 주변사람들에게 그렇게 칭찬을 한다는 것이다. 처음에는 둘이 특별한 관계이겠거니 생각했는데 주위의 평판도 좋고, 사회생활 잘한다는 이야기를 많이 들어서 용기내어 고충상담을 하기로 결심했다고 한다.

이야기를 하는 친구가 보기에도 A씨는 사회생활을 잘하는 사람이라고 했다. 그렇다면 A씨는 어떻게 사회생활을 잘하는 사람일까?

인텔社의 CEO였던 앤디 그로브(Andy Grove)가 한 대학 졸업식 축사에서 이런 말을 했다. "회사의 사장이 당신 자신이라고 생각해라", "오너십이 업무수행의 문제점은 물론 생산성을 저해하는 요인을 보게 하고, 그 해결할 방법까지도 찾게 한다. 그렇게 되면 자연히 업무수행 능력은 한 단계 상승하게 된다"

아마 지금의 사회생활 하는 사람들이라면 귀가 따갑도록 들었을 만한 이야기일 것이다. 그런데 회사에서 오너십을 갖고 생활하는 직장인은 그리 많지 않다. 생계를 위한 수단으로 회사를 다니는 사람이 많은 것이다.

그리고 회사를 다니면서 상사와 동료 그리고 부하직원들 모두에게 인정받는다는 것이 말처럼 그리 쉽지만은 않다. 그럼에도 불구하고 사회생활을 잘한다고 칭찬받는 사람들이 있다.

사회생활을 잘하는 사람들의 행동은 오너십에서 나오는 행동이라는 생각을 하곤 했는데, A씨가 고충을 털어놓은 사람들에게 해주었던 이야기를 듣고 보니 그런 생각이 확신으로 바뀌었다.

결국 사회생활에 필요한 건 오너십이다

'**불평불만하지 않았다.**' A씨는 자꾸 불만을 자주 말하는 사람은 어느 곳에서도 환영받지 못하게 될 것이라는 것을 알았다. 내 입장에서는 그것이 맞기 때문에 자주 불평불만을 말하겠지만, 듣는 사람에 따라 나란 사람을 저평가하게 되니 괜히 자신의 단점을 드러내서 자기 무덤을 파지 않아야 한다고 생각했다.

알리바바 회장 마윈은 "회사에 불평불만이 가득하면서도 꾸역꾸역 회사에 다니는 사람은 싫다", "불평과 불만을 줄이고 낙관적인 생각을 가진 사람을 원한다"고 말한다. 마윈의 저서

'내가 본 미래'에 다음과 같은 내용이 있다.

기회는 어디에 있을까? 기회는 바로 사람들이 불평하는 곳에 있다. 사람들이 불평을 할 때면 기회가 나타난다. 사람들의 불만을 처리하고 문제를 해결하는 것이 바로 우리에게는 기회가 된다. 만약 여러분이 다른 사람들과 불평만 하면 어떠한 희망도 없다.

'발없는 말이 천리간다'는 속담도 있다. 언젠가는 나의 말이 당사자에게 들리게 된다. 만약 그 사람이 나의 상급자나 나에게 중요한 인물이라면 가만히 있겠는가? 그 사람도 나에게 험담을 하게 될 것이다. 의외로 순진한 사람들이 자기감정을 솔직하게 말한다고 하면서 투덜거리게 된다. 불평불만의 버릇은 사회생활에서 정말 주의해야 할 버릇인 것이다.

'상대방의 말을 잘 경청했다' A씨는 입사 이래 누군가와 논쟁을 한 적이 없다고 했다. 상대방이 무슨 말을 하고, 나에게 무엇을 원하는지를 파악하면서 잘 대처했다고 한다. 대개 사람들은 자기 식대로 생각하고 자기 말만 하는 경향이 많다. 그 과정에서 무시당했다고 생각하면서 자존심의 상처를 받기도 한다. 자신의 주장만 하다보면 상대방의 말을 듣지 못하고 자꾸 지적을 당하고 나중에는 나에게 답답하다면서 지적조차 해주지 않는 경우가 오게 되고 보이지 않는 왕따가 시작된다.

'겸손하려고 노력했다.' A씨는 각종 프로젝트에서 성과를 잘 내는 사람이었다. 주변 사람들의 시선을 생각하며 조금 잘된다고 해서 그것을 자랑하지 않았다고 한다. 그렇지 않으면 오히려 시기와 질투의 대상이 되면서 주변 동료들로부터 질투어린 시선을 받게 될 것이라 생각했기 때문이다. 내가 잘되면 상대적으로 누군가는 그만큼 고통을 겪게 된다. 눈치를 보라는 것이 아니라, 자만심을 갖지 말고 감사하는 마음으로 최선을 다했을 때 오히려 주변에서 더 크게 인정을 해주게 될 것이다.

'책임감 있게 행동하려고 했다.' A씨는 입사하고 단 한 번도 출근시간에 늦거나, 기안을 마감시간을 넘겨 제출한 적이 없다고 했다. 회사라는 곳이 나 혼자 책임을 질 수 있는 곳도 아니고, 나의 책임감 없는 행동으로 나와 일하는 사람들이 곤경에 처할 수 있기 때문에 타인에게 피해주지 않아야겠다는 생각으로 업무에 임했다고 한다. 나에게 어떤 업무가 주어졌다면 때로는 밤을 새워서라도 맡은 바 임무를 완수할 의지가 있어야 한다. 이런 나의 행동은 주변 사람들도 틀림없이 알고 있다.

오너십은 기업의 오너나 주인만 갖는 것이 아니라고 했다. 진정한 오너십은 사장보다 더 사장 같은 직원의 사회생활에서 나온다. A씨는 말, 행동, 태도, 책임감, 일의 처리방식, 의식의 수준 등을 보면 회사의 일을 내가 사장인 것처럼 생각하고 행동했다. 만약 A씨와 같은 오너십을 가질 수 있다면 동료와 차별화 되면서 사회생활을 훨씬 수월하게 하는 경험을 할 수 있게 될 것이다.

동기보다 빨리 조직 내에서
성장할 수 있다

로펌에 입사하기 위한 변호사들의 인턴과정을 그린 〈신입사원 탄생기 - 굿피플〉이란 프로그램을 본 적이 있다. 그 중 12회차 에피소드를 보고 놀란 적이 있었는데, 인턴 변호사들에게 주어진 과제는 무죄를 증명하기 위한 항소이유서 작성. 하루 만에 20페이지 넘는 항소이유서를 작성하는 것이었는데 어려운 작업을 통해 인턴 개개인의 능력과 한계를 테스트해 보는 것이라고 했다. 그리고 그 중 상위 4명에게만 멘토들 앞에서 변론할 수 있는 기회를 주었다.

변론의 기회를 얻은 인턴 변호사들 중에는 처음부터 잘해왔던 변호사도 있었고, 이번 과제를 통해 두각을 드러낸 변호사도 있었다. 하지만, 워낙 난이도가 있었던 과제이기에 이 과제를 통해 4인이 특별함이 부각될 수 있었다고 생각한다. 그리고 재미있는 것은 이번 과제 발표자 4명 중 3명이 최종합격을 했다는 사실이다. 그렇다면 이들은 어떤 특별함이 있었길래 최종합격의 영예를 안을 수 있었을까?

빠른 성장 비결은 오너십이다

사례로 들었던 인턴 변호사들의 성장과정을 보게 되면 과제를 수행하는 과정이 실제 사회생활과 많이 닮아 있다. 그들은 적극적이고 진취적이었다. 무엇을 배울 것인가 먼저 알고 있었고, 목표도 분명했다.

문일지십(聞一知十)이라는 사자성어가 있다. 이는 보통 배우면서 자라는 학생이 총명할 때 쓰는 말인데 〈논어〉 "공야장"에 나오는 고사이다.

공자가 어느 날 제자 자공에게 "너와 안회를 비교하면 누가 더 똑똑한가?" 하고 묻자 자공이 "제가 어찌 안회와 비교하겠습니까. 안회는 하나를 듣고도 열을 알지만 저는 하나를 들으면 겨우 둘 정도만 알 수 있을 뿐입니다"라고 대답했다. 학생이 하나를 듣고 열을 안다는 것은 아예 배우지 않은 것을 안다는 것이 아니라 하나의 원리나 법칙을 듣고서는 그것을 다른 지식이나 행동으로 응용하거나 유추해 가는 것이다.

그렇다면 여기서 한번 생각해 보자. 회사에 입사해 먼저 사회생활을 경험하고 있는 선배들은 어떤 신입사원들을 좋아할까? 당연히 문일지십의 고사에 나오는 안회와 같은 신입사원을 좋아할 것이다. 하나를 배우고 거기서 더욱 파고들어 추가로 지식을 습득하고 그것을 업무에 적용하는 사람이기 때문이다.

〈신입사원 탄생기 – 굿피플〉에서 멘토 변호사들을 먼저 찾아가 적극적으로 질문하는 인턴 변호사들이 나온다. 그리고 그렇지 않은 변호사들도 있다. 우리는 이 부분을 눈여겨 볼 필요가 있다. 왜 일부 인턴 변호사들은 먼저 찾아가 질문을 했고, 그리고 그 과정이 그들에게 어떤 특별함을 가져다 주었는지에 대해서 말이다. 과제수행 과정에서 먼저 찾아가 적극적인 질문을 했던 변호사들은 문제의 중심에 서서 문제를 해결하는 모습을 보여줬고, 그것이 자신도 모르는 사이 성장의 동력이 되었다. 그들은 자신에게 주어진 모든 것에 대해 자신과 회사에 대한 책임이라고 생각한 것이다.

회사를 들어오기 위해 쌓았던 10가지 스펙이 더 이상 회사에서의 내 경쟁력이라는 생각을 버려야 한다. 이제는 그 이외의 스펙이 필요한 시기이다. 그것이 '열한 번째 스펙, 오너십'이다. 오너십을 가진 사람은 소속된 조직에서 나의 책임이 무엇인지 알고, 그 과정을 통해 부여된 임무를 해결하는 것은 회사에 대한 책임을 다하는 마음이다. 그리고 그것은 곧 나의 성장동력이 되고, 나의 성장은 조직의 성장을 이끌어 내는 선순환의 고리가 될 수 있다.

결국, 오너십이 있으면 동기보다 일머리가 빨리 트이고, 기회도 많이 갖게 되며 모든 일에 주도권을 행사하기 때문에 팔로워가 아닌 리더로 성장하기에 유리해지는 것이다.

제3장

90년생,
오너십을 갖췄을 때
생기는 일

동료와 큰 차별점이
생긴다

많은 기업이 불확실한 경영환경에 놓여 있다. 설사 시장을 주도하는 기업이더라도 긴장의 끈을 놓고 현실에 안주하거나 위협 요인을 소홀히 여기면 순식간에 시장에서 사라질 수 있다. 필름 카메라의 절대강자로 군림했던 100년 기업 니콘이 그 예라고 할 수 있을 것이다.

'니콘 = 필름카메라'라는 공식이 있었지만, 스마트폰의 등장과 함께 업종파괴로 인해 역사 속의 한 페이지가 되었다. 영원할 것만 같았던 기업들도 한순간에 무너질 수 있는 것이 지금의 사회다.

1910년대 포브스 100대 기업 중 1980년대까지 살아남은 기업은 40여 개에 지나지 않았고, 이 중 17개만이 100대 기업 리스트에 남아 있었다고 한다. 최근에는 포춘 글로벌 500대 기업 중 절반이 사라지게 된다는 예측 자료도 나온 바 있다.

위기 극복 / 변화 대응의 주체는 결국 사람

급변하는 시대 속에서 5년, 10년 후를 내다보기 힘든 경영 환경이 펼쳐지고 있다. 이런 환경 속에서 기업이 생존하기 위해서는 사전에 변화의 조짐을 미리 간파하고 준비하는 것이 최선의 방법이다. 이런 준비의 주체는 사람이어야 한다.

상사의 명령과 지시가 없어도 스스로 움직이는 조직은 기업의 오너와 관리자들이 원하는 가장 이상적인 형태이다. 구성원 한 명 한 명이 스스로 고민하고 주도적으로 업무에 임한다면 예측하기 힘든 환경 속에서 어려움을 이겨낼 수 있는 큰 원동력이 될 수 있다.

몇 해 전 국내 원자력발전소의 가동이 중단되는 사고가 있었다. 작업자가 무심코 떨어뜨린 작업 도구가 원인이었다고 한다. 자칫 대형 사고로 이어질 뻔했던 KTX의 탈선 사고도 선로 전환기의 볼트 하나를 꽉 조이지 않은 것이 원인이었다.

만약 직원들이 자기 집안의 일처럼 생각하고 움직였다면 이런 사고가 발생했을까? 최소한 사고의 확률은 많이 낮출 수 있었을 것이다.

미디어의 발달로 인해 많은 기업들이 업무 시간에 인터넷 서핑이나 소셜미디어(SNS)에 빠져 있는 직원들 때문에 고민에 빠져 있다는 소식을 들어본 적이 있을 것이다. 고육지책으로 일부 기업들은 직원들의 인터넷 접속 시간을 제한하거나 특정 사이트 접속을 아예 막아 놓기도 했다고 한다. 또한, 재택근무나 유연근무 시간제를 도입한 기업들도 제도를 악용하는 직원들이 있지 않을까 걱정이 많다고 한다.

직원들의 복지와 업무능률 제고를 위해 도입한 제도지만 이를 악용해 사적인 일을 보는 직원들이 적지 않다고 하니 기업의 고민이 이만저만이 아니다. 이를 막기 위해 근무시간 모니터링, 집중 근무시간 제도 등을 활용하는 기업들도 있다고 하지만 결국 근본적인 해결책이 되지는 못한다.

오너십이 큰 차별점이다

결국 위 기업들이 걱정하는 부분은 직원의 '오너십 부재'이다. 오너십의 부재가 기업을 힘들게 하고 역으로 오너십이 있는 사람이 기업을 흥하게 하며 기업은 오너십 있는 사람들에게 보답한다.

책을 쓰는 이야기를 나누면서 장인어른께 들었던 이야기가 있다. 장인어른은 포스코에서 30년 근무를 하고 퇴직 후 현대제철에 스카웃이 되어 7년을 더 근무하신 경력을 가지고 있다. 그때 관리자로 있으면서 있었던 이야기이다.

철강기업은 업무의 특성상 팀 단위로 조직되어 업무가 진행되는 경우가 많고, 팀 내 각각의 역할이 팀 전체의 성과와 직결된다고 한다. 그래서 관리자로 있을 때는 면접을 꼭 직접 해서 채용까지 결정하셨다고 했다.

대기업에 입사하고 싶은 여러 가지 이유가 있겠지만 가장 큰 이유는 고액의 연봉과 복지혜택일 것이다. 그래서 경쟁률이 치열하고 회사가 정한 스펙을 갖춘 사람들이기에 면접에서 옥석을 가리기 위해 더 신중을 기한다고 한다. 면접에 참가한 사람들은 '뽑아만 주면 최선을 다할 것이다.', '열심히 할 것이다.'로 진실함과 절박함을 어필하고, 실제 그런 진실함이 전해진 사람들이 합격통지서를 받게 된다.

하지만, 진실함이 오래가지 않고 결국 숨겨둔 본성을 드러내는 사람이 있다. 회사의 일원으로서 '어떻게 하면 회사에 도움이 되는 사람이 될 것인가'보다는 회사를 상대로 '어떻게 더 얻어낼 것인가'에 노력을 하는 사람, 최소한의 노력만으로 업무를 하는 사람이 그들이다. 큰 과실이 없는 이상 업무로 인한 징

계나 해고도 쉽지 않고, 팀워크가 잘 이루어지지 않아 갈등이 내재된 상황이 계속 유지되니 기업 입장에서 신중의 신중을 기했지만 옥석 가리기에 실패한 셈이다.

  이런 일도 있었다고 한다. A와 B직원은 면접에서 좋은 평가를 받아 입사를 했다. 하지만 A직원은 3교대 근무 후 인수자에게 인수인계를 잘 해주지 않아 인수자가 업무에 지장을 받는 상황이 자주 있었다고 한다. 더구나 인수자는 업무에 대한 인수는 고사하고, A직원이 근무 시간에 어질러 놓은 사무실과 현장을 청소하는 일로 시작해 정시에 업무시작도 할 수 없었다고 한다. 세대 차이가 떠나 평소 팀 분위기를 고려하더라도 이러한 근무태도는 좋은 인사고과를 받을 수 없었고, A직원은 늦은 승진과 승진 후 관리자에서도 얼마 지나지 않아 팀원들과의 마찰로 제외되는 수모를 겪게 되었다고 한다. 반면, 입사동기인 B직원은 평소 근무교대 전 청소와 정리정돈을 깨끗이 하고 성실한 인수인계 등의 근무태도로 평판이 좋았는데 본인이 원하는 부서로 환영받으면서 보직이동을 했고 이후 관리자로도 가장 빨리 승진을 할 수 있었다고 했다.

위 사례에서 볼 때, A직원은 진실함을 순간의 기회로 이용한 반면, B직원은 진실함을 입사 후에도 지속적으로 보여주면서 두 사람의 운명이 달라지게 되었다. 똑같이 시작한 회사생활이었지만, B직원의 진정 타인을 배려하고 회사의 일원으로서 최선을 다하는 모습이 그의 운명을 이끌었다고 해도 과언이 아닐 것이다. 결국 두 사람의 큰 차별점은 자신은 물론, 타인을 배려하고 책임을 다하는 오너십에서 비롯된 것이다.

　조직에서 임원 등 최고경영자의 역할을 맡고 있는 사람들이 그 자리에 오를 수 있었던 것은 오너십을 중요하게 생각하고 행동으로 실천했기 때문이다. 그런 경험을 가진 사람들이라면 당연히 오너십 있는 사람에게 성장의 기회를 주지 않을까?

나와 세상의 문제에 대한
원인과 해답을 찾을 수 있다

'수처작주(隨處作主)'라는 고사성어가 있다. **'수처작주 입처개
진(隨處作主 立處皆眞)'**에서 따온 말로, '어느 곳에 있던 내가 주인
이 되면 모든 것이 참될 것이다.'라는 뜻이 있다.

'수처작주'는 **따를 수(隨), 곳 처(處), 지을 작(作), 주인 주(主)**가
모여 이뤄진 사자성어다. 사전적 의미로 '어디서나 어떠한 경
우에도 얽매이지 않아 주체적이고 자유 자재함'을 말한다. 즉,
'내가 내 인생의 주인'이란 뜻이다.

준오헤어의 대표 강윤선(이하 강 대표)은 36년 동안 미용업을 한 전문가이다. 그 36년의 세월과 함께 한 것이 지금의 준오헤어이다. 준오헤어는 연 매출 1,200억원에 140여 개의 매장과 2,500여 명의 직원이 근무하는 30여 년의 역사를 가진 명실상부 대한민국 최고의 미용기업이다. 지금의 준오헤어가 있을 수 있었던 것은 강 대표가 사자성어 속의 삶을 살았고, 지금도 그런 삶을 살고 있기 때문이라 생각한다.

강 대표는 1960년 서울 서대문구에서 태어났다. 쉰이 넘은 아버지와 마흔 넘은 어머니 사이에서 태어난 막내였는데, 병석(病席)의 아버지 대신 어머니가 생계를 책임졌고 강 대표도 열네 살부터 돈을 벌어야 했다고 한다. 집 근처 미동초등학교를 졸업한 뒤 '전수학교'라 불리던 야간 중학교에 들어갔고, 낮에 회사 사환일을 해 돈을 벌었다. 강 대표는 "중학교 졸업할 때까지 영어는 '아이 엠 강윤선' 밖에 몰랐다"고 한다.

고등학교 1학년 때 미용을 배우고 싶어서 학교를 그만두고, 1년제 무궁화고등기술학교에 들어가서 동네 미용실에서 아르바이트를 하며 돈을 벌었다고 하는데, 스무 살쯤 됐을 때 서울 상계동에 동네 '일수 아줌마'에게 5부 이자로 돈을 빌려 미용실을 연 후 지금의 남편과 함께 서울 돈암동에 1981년 '준오미용실' 1호점을 열어 매장당 평균 매출액 업계 1위인 지금의 준오헤어로 성장시켰다.

강 대표는 '넘어지는 것은 내 탓이 아니지만 일어나지 않는 것은 나의 잘못이다'라는 좌우명을 가지고 있다. 가난한 집안에서 태어나 많이 배우지 못했지만, 남이나 환경을 탓하기보다 자신의 인생의 주인이 되어 자수성가해 지금의 자리에 있을 수 있었다. 이러한 삶의 자세 속에서 강 대표의 오너십을 엿볼 수 있다.

세상의 문제의 원인과 해답은 나로부터 찾을 수 있다

많은 사람이 인생의 주인이 되고 싶어한다. 하지만 인생의 주인으로 살지 못하는 이유는 주변의 환경에 휘둘려 몸과 마음을 스스로 움직이는 주인이 되지 못했기 때문이다. 한마디로 오너십이 있는 삶, 스스로 인생의 주인으로 살지 못했다는 것이다.

그렇다면 왜 우리의 삶은 환경의 영향을 받는 것일까? 쉽고 편하기 때문이지 않을까? 언제부터인가 우리는 세상에서 일어나는 여러 현상을 남 탓, 시대 탓 등으로 돌리며 내 책임이 아니다 라는 마음으로 그 순간만큼은 자유롭다고 느끼고 있는지 모르겠다. 원인을 나로부터 찾지 않고 나 외의 것으로부터 찾게 되니 자유롭다는 착각 속에 살고 있는 것이다. 하지만 이런 착각으로부터 얻을 수 있는 것은 아무것도 없다. 책임지는 사람이 없으니까 말이다.

실제로 주변의 것을 탓하는 사람들은 결정적인 순간에 포기하고 그 이상을 해내지 못하는 경우가 많다. 잘 안 됐을 때는 환경 탓을 하면 된다는 생각이 잠재되어 있기 때문일 것이다. 강 대표와 같이 어려운 상황을 극복해 낸 사람들을 보면 환경과 운명을 탓하기보다는 자신에게서 원인과 대책을 찾는 경우가 많았다. 남에게 맡기지 않고 스스로의 삶을 목적지를 향해 운전한 것이다.

평소 아내는 멀미가 심해 차를 타면 잠을 잔다. 멀미를 하는 것이다. 하지만 신기하게도 정작 본인이 운전을 할 때는 멀미 난다는 소리를 들어보지 못했다. 이유는 운전이란 행위를 통해 차량을 통제하기 때문이다. 목적지까지 사고없이 안전하게 가야 할 책임을 지고서 말이다.

내 삶 속에서 일어나는 모든 상황들과 함께 하며 내 인생의 목적지까지 가는 여정은 이런 운전과 닮아 있다. 자신의 가난한 환경을 탓하기보다 대한민국 미용업계 1위 기업을 탄생시키고 그 이상의 목표를 향하는 강윤선 대표의 '수처작주(隨處作主)'의 삶의 방식이 나와 세상의 문제에 대한 원인과 해답을 찾는데 도움이 될 수 있다고 생각한다.

행복은 그 어떤 절대적인 기준이 아니라 다른 사람과의 비교에서 나오기 때문에 사람들은 자신의 처지를 끊임없이 다른 사람과 비교하려는 성향을 갖는다고 한다. 이런 심리를 '비교 성향'이라고도 하는데 지속적으로 원인과 해답을 찾으면서 과거의 나와 비교하면서 나를 성장시킬 수 있다면 나의 삶의 만족도 또한 높아질 수 있다.

삶이 고되지 않다고 생각하는 사람이 얼마나 될까? 지금 내가 많이 힘들다는 생각이 들면 이렇게 생각해 보면 좋을 것 같다. 평소 시간이 날 때면 등산을 자주 다니는 편인데 호기롭게 시작한 등산이 꼭 산중턱에서 위기가 온다. 흔히, '깔딱고개'라고 불리는 급경사에서 더 갈건지 말건지 갈등을 하게 되는데 등산을 해 본 사람이라면 이 마음이 어떤 마음인지 잘 알 것이다.

그렇게 수도 없는 갈등 끝에 가기로 마음먹고 끝까지 올라 정상에 도착했을 땐 오길 잘했다는 생각이 든다. 해냈다는 성취감도 있고, 눈앞에 펼쳐진 풍경이 등산의 고됨을 싹 날려주기 때문이다.

이 등산의 과정이 곧 우리의 삶이다. 내가 지금의 상황이 많이 힘들다는 생각이 든다면 어딘지는 모르지만 '내 인생의 정상'을 향해 올라가고 있기 때문에 힘들다고 생각해 보면 좋을 것 같다. 그런 생각과 행동은 내 삶에 대한 최소한의 책임이며, 내 인생의 주인으로 살 수 있는 원동력이 될 수 있다.

기회가 따라오는
삶을 살 수 있다

나는 예비역 소령이다. 13여년의 군 복무의 마지막 날인 2015년 11월 30일, 마지막 근무지에서 마지막 지휘관에게 전역신고를 했다. 아직도 미련이란 게 남은 것일까? 자원해서 한 전역임에도 불구하고 그날은 왜 그리 시원섭섭한 마음이 드는지 그날의 여운이 아직도 남아 있는 듯 하다.

전역 신고일이자 사회신고일이었던 그날은 아무 것도 할 수가 없었다. 나름 사회에 나갈 준비를 많이 했다고 생각했는데 여느 장기복무 직업군인들보다 이른(?) 사회인으로서의 인생

2막이 부담이었을까? 누구나가 그렇듯 새로운 시간, 공간 앞에서의 막연한 걱정과 두려움이 컸다. 하지만 전역한지 4년이 채 안 된 지금, 10년 이상을 한 군생활보다 더 파란만장한 사회적응은 아직도 진행형이다. 감히 성공이라고 불릴만큼의 활동은 아니지만 그동안의 경험과 활동은 거저 얻어진 것은 아니기에 스스로를 대견스럽게 생각하고 있고, 그 과정이 조금은 특별하다.

현재 공공기관 및 기업을 대상으로 오너십 디자이너(Ownership Designer)라는 이름으로 오너십, 4차 산업혁명 시대 트렌드, 리더십, 기업가정신, 해외 취·창업 등의 주제로 강연을 한다. 그리고 중국의 네트워크를 활용한 해외 취·창업 인턴십 프로그램과 어학연수 프로그램도 운영하고 있다.

운칠기삼(運七技三)이라는 말이 있다. 딱 나를 두고 하는 말이다. 사회에서 얼마 되지 않아 과분한 성과를 거뒀으니 어느 정도는 운이 따라줬다 할 것이다. 첫해 150여회 정도의 강연을 시작으로 4년 동안 1,000회 이상의 강연을 했다. 강연 횟수가 뭐 그리 중요하다 말할 수 있겠지만 치열한 강사시장에서 길지 않은 시간 안에 해냈다는 것에 의미를 두고 싶다.

모르긴 몰라도 1년에 300회 이상의 강연을 하는 강사가 흔하지는 않을테니 말이다. 1년에 300회 이상 강연을 하려면 1년 동안 매일 거의 쉬지 않고 꾸준하게 강연을 해야 하고, 이 정도 하려면 적어도 이 분야에서 10년 이상의 경력과 인정이 필요한데 흔치 않은 성과인 것은 분명한 사실이다. 어쨌든 강연 횟수를 언급한 것은 이유가 있다. 첫 해의 성과로 150여 회의 강연성과를 낼 수 있었던 것이 단순히 능력만으로는 설명하기 힘든 부분이고, 이것이 설명이 되려면 운(運)이 따라줘야 가능했다는 생각이 든다. 그리고 그 중에 30% 정도는 다시 불러 준 앵콜강연이었으니 기(技)라는 부분도 설명이 될 수 있을 것 같다.

하지만 이 운이 여기서 끝나지는 않았다. 국내에서 감히 최초라고 자부할 수 있는 중국 창업 인턴십 프로그램을 통해 2017년에는 OO대 공대생을 중국 현지에서 창업시켜 좋은 사례로 평가받았고, 대학 창업과정에서 해외창업 성공사례로 강연을 하기도 했다. 그러면 단순히 "운 좋으면 반 이상은 성공하겠네, 운이 없으면 성공도 못하겠다"라고 생각할 수도 있을 텐데 내가 말하고 싶은 것은 과연 그 운이 **'어떻게 와서 성과까지 이어질 수 있었을까'**하는 것이다. 강연을 하고 중국에서 창업 인턴십 프로그램을 운영해서 성과를 낸 것은 운으로 설명할 수 있지만, 운이 따라올 수 있는 환경을 만들었던 것이 주효했던 것이다.

자기 인생의 주인공으로 살 때 기회가 따라온다

처음부터 운이 따라오지는 않았다. 전역을 전후로 10군데가 넘는 회사로부터 연이은 불합격 소식을 접하고, 자존심이 상할 때로 상하고 자존감이 바닥에 떨어졌던 때가 있었다. 그런 시기에 우연히 강사로 입문하게 된 계기가 된 것이 국방부 연계과정인 강사양성 과정(현재는 안보강사과정)과 중국과의 인연이 시작된 한국산업인력공단 현지 취업과정인 K-MOVE 과정이었다.

 평소 '회사의 인력관리부서에서 일하고 싶다'라는 것과 '중국과 관련된 일을 해야겠다'라는 다소 막연하지만 나름의 확고한 목표가 있었다. 삼국지를 읽고 삼국지에 나오는 지역을 가보고 싶은 마음에 중국어를 전공했었고, 군 복무 간 중국어 반을 수료하고 외국어 특기를 부여받을 정도로 중국어에는 자신이 있었다. 그렇게 중국진출 한국기업에 취업할 수 있는 K-MOVE 중간관리자 과정에 합격을 하고, 출국날짜를 받아놓은 상태에서 전공을 살려 '나중에 중국어 강사라도 할 수 있겠다' 싶어 양성과정을 통해 강사로 입문하게 되었다.

 그렇게 기업교육 전문강사 자격까지 획득하고 2015년 8월 30일, 장기연수 파견명령(당시 현역)을 내고 염성(鹽城)행 비행기에 몸을 실었고, 도착해서 관례적으로 이루어진 현지 기업교육과 중간관리자 과정을 운영하는 대표와의 첫 면담에서 예상치 못한 제안을 받게 되었다. 우리 기관이 기업교육을 운영하는데 마침 강사가 필요했었는데 "강의 한번 해보지 않겠나?"라는 제안이었는데 출국 전 작성한 이력서에 '기업교육 전문강사'라고 적은 것을 보고 제안한다고 했다.

그렇게 귀국할 때까지 중국 진출 한국기업에서 강의경력을 쌓게 되었고, 귀국 후에는 강연을 많이 하는 강사의 운전사를 자처하며 20~30분짜리 미니강연의 기회를 받기도 하면서 한 달에 많게는 6,000km를 자비로 다니면서 강연을 다녔다. 그런 경험이 쌓이고 쌓이다 보니 운이 좋게도 강연했던 곳에서 다시 불러주는 기회도 생기고, 중국에서의 경험을 통해 프로그램도 운영할 수 있게 된 것이다.

강연을 할 때 전역 후부터 지금까지의 과정을 이야기하곤 한다. 그 과정 속에는 나만의 '오너십이 있는 삶'이 있다고 생각하기 때문이다. 오너십이 있는 사람은 자신에 대한 애정과 확신이 강하다. 즉, '자존감과 역경지수'가 높다. 자존감과 역경지수가 높은 사람은 자신에 대한 관찰을 많이 하니 스스로가 좋아하는 것이 무엇인지 알고, 어려운 상황을 슬기롭게 이겨낸다. 그렇게 힘든 시기를 '잘 준비하고 기다리니 기회가 따라온 것'이다.

성공과 실패는 스스로에게 책임을 다 하느냐 안하느냐에서 결정되는 것 같다. 잘하고 못하는 것에 대한 판단은 청중의 몫이지만 스스로 강사의 길을 가는 것에 만족하고 있다. 강연을 시작한 계기는 우연이였지만, 버는 것보다 쓰는 것이 많았던 시간을 잘 인내했기에 지금의 위치에 올 수 있었다.

사실 기회는 도처에 널렸다. 그 기회를 손에 넣으려면 나를 주목하는 이에게 나를 증명하고, 기회를 손에 쥐어주면 성과를 낼 수 있다는 믿음을 주어야 한다. 그러기 위해서는 내가 스스로 포기하지 않고 인내하여야 한다. 그렇게 내가 생각하는 오너십이 있는 삶이 나를 '내 인생의 주인'으로 살게 하고 '기회가 따라오는 삶'을 살게 한다.

내가 바로
명품의 조건이 될 수 있다

가수 겸 배우 옥택연이 얼마 전 백마부대 신병교육대대 조교로 군 복무를 마치고 전역을 했다. 대한민국 남자라면 누구나가 가는 군대를 갔다온 것이 뭐 그리 대수라고 할진 모르겠지만 내가 봤을 때는 조금은 특별하다.

원래 옥택연은 미국 영주권자로 군 복무 대상자가 아니었다. 쉽게 말해 안 가도 됐다. 그렇지만 현역 입대를 위해 미국 영주권을 포기했다. 또, 허리 디스크로 군 대체 복무 판정을 받았으나, 수술과 치료를 통해 현역 판정을 받아 백마부대 신병교육대를 통해 입대했다.

옥택연은 군 복무 기간 '캡틴코리아'라는 별명으로 군대체질 이라는 소리를 들어가며 다양한 병영생활을 통해 부대원들에게 귀감이 되어 모범 병사 표창을 받았다고 한다. 경험상 군대 체질이라는 말은 그만큼 솔선수범하고 행동을 했다는 뜻이다.

오너십 있는 행동이 나를 명품으로 만든다

누구보다도 밀레니얼 세대와 가까이 해 왔다. 그리고 관찰할 기회가 많았다. 13년 간의 군 복무 기간 동안 그랬고, 유독 강 의의 대상이 밀레니얼 세대들이 많았다. 강사를 처음 시작했 을 때부터 인연이 되어 지금까지 몇 년째 분대장과 전입신병 들의 인성교육을 전담하는 부대가 있다. 군 복무를 갓 시작한 장병들과 전역이 얼마 남지 않은 장병들의 생각을 모두 알 수 있는 곳이기도 하다.

특히, 전입신병을 대상으로 하는 강의에서는 강의를 시작전 꼭 하는 질문이 있는데, "군대에 억지로 입대했다고 생각하는 사람 손 한번 들어볼까요?" 이미 답을 예상하면서도 질문을 한다. 이유가 있다. 이번에는 지난 번 질문 때보다 적은 인원이 손을 들기를 바라는 마음에서이다. 하지만 지난 번이나 몇 년 전이나 지금이나 현장에서 느끼는 마음은 항상 아쉬움이 있다.

몇 해 전 대한민국 국적자가 난민신청을 했다는 기사를 본적이 있다. '군대 문화에 대한 거부감' 즉, 징병제라는 국가 체제에 대한 거부감과 개인적인 신념 때문에 난민을 신청한다고했다. 종교적인 이유도 아니라고 하고, 단순히 군대에 가기 싫다는 이유를 넘어 징병제 등 현 체제에 대한 불만 때문이라는 사실에 적지 않은 충격을 받았던 기억이 있다.

그런데 재미있는건 이런 사례를 군에 억지로 왔다고 생각하는 장병들에게 이야기해 주면 다소 충격적이라는 반응을 보인다는 것이다. 이는 본인들도 군대에 오는 게 싫었지만 스스로가 국방의 의무에 대해 중요하게 생각하고 반드시 해야 할 의

무라는 것을 알고 있다는 말도 된다.

　이런 생각을 가진 장병들이라면 쉽지 않은 과정이지만 강사의 생각을 이야기해 줄 여지가 있다. 적어도 본인들이 희망해서 온 자리는 아니지만 스스로가 주어진 상황을 피하진 않았기 때문이다. 결론부터 이야기하자면 국방의 의무를 피하지 않은 것이 오너십이 있는 행동이라고 이야기한다. "누군가는 난민을 신청해서 자신의 책임을 회피하려 하지만 이 자리에 있는 여러분은 책임을 다하기 위해서 온 것이다."라고 칭찬한다. 하지만 책임을 다하려고 왔지만 여전히 이 자리에 있는 것이 싫다. 여자친구와 놀고 싶고, 덥거나 추운 날에는 집에서 에어컨 틀고, 보일러 틀어놓고 누워서 스마트폰으로 게임하거나 영화보고 싶은 게 그들의 마음이다.

　대부분은 청년들이 처음 부모님의 품을 떠나 혼자 무언가를 하는 곳이 군대이다. 낯선 곳에서의 생활이 두렵고 간부나 선임들이 무섭고 불편하다. 아무리 군대가 변했다고 하지만 군대는 군대다. 엄연히 규율 속 상명하복이 군대의 문화이다. 그리고 그런 엄격한 곳에서도 옥택연과 같이 칭찬받고 귀감이 되는 장병들이 있다. 사소한 차이로 평가를 달리 받는 것이다.

여전히 한껏 긴장되어 있고, 시키는 것에 급급한 시기가 전입신병 때이다. 이런 전입신병들의 전역일이 보람되게 만드는 것이 인성교육의 최종 목표이다. 모든 게 하기 싫고 억울한 마음이 드는 시기지만 생각의 변화가 행동의 차이를 만든다. 성향에 따라 다를 수 있지만 시키는 일을 하는 것은 썩 유쾌한 일이 아니다. 무엇을 시키는지 알면서 불평불만하며 억지로 하니 그 일이 더 하기 싫고 힘들다.

생각의 변화가 필요한 이유가 있다. 어차피 해야 할 일이라면? 무엇을 해야 하는지 알고 있다면? 그냥 내가 먼저 하면 되지 않을까? 그렇게 하면 다른 사람들과 행동에서 차이가 나고 좋은 평가를 받는다. 칭찬을 해주니 다음에 또 하게 된다. 이런 생각과 행동은 오너십에서 나오는 행동이다. 이것이 군 복무를 보람되게 마칠 수 있는 방법인 것이다. 군에 대한 부정적인 마음으로 시작해서 간부, 선임들을 욕했던 사람들은 과연 시키기 전에 스스로 해 본 경험이 얼마나 있는지 물어보고 싶다.

비단, 군 복무 뿐만은 아닐 것이다. 세상에 안 할 수 있으면 안 하고 싶은 일들이 너무나 많다. 직장생활도 마찬가지다. 좋아서 하는 일도 몸이 힘들거나 할 때는 하기 싫다. 하기 싫지만 생계가 달려 있으니 해야 하는 것이 직장생활이다. 하지만 하기 싫은 마음으로 출근해 봐야 칭찬받는 일보다 혼나는 일이 더 많지 않을까? 그것을 이겨내는 것이 생각의 변화이다.

생각의 변화가 행동의 차이를 만든다고 했다. 옥택연은 스스로 선택했고, 그런 행동이 칭찬을 받았다. 다른 비슷한 처지의 연예인이 있었다. 히트곡도 많았고, 영주권을 포기하고 군대에 가겠다고 해놓고 돌아가 오지 않았다. 그리고 한국으로의 입국금지를 당하고 여전히 입국을 허용해 달라고 감정에 호소하고 있다.

둘의 가장 큰 차이는 생각의 변화와 행동의 차이이다. 모르긴 몰라도 옥택연은 군필자들에게는 같은 경험을 한 사람이고 정서적으로 공감대도 있다. 지금까지보다 해 온 것보다 더 많은 일이 남았고, 더 잘될 일만 남았다. 명품이 될 수 있는 조건이 된 것이다.

　오너십 있는 행동은 나를 명품으로 만들 수 있다. 생각의 변화와 행동으로 만들어진 차이는 쌓이고 쌓여 주변인들의 공통된 시각으로 그 사람의 인생도 바꾸어 놓을 수 있다.

내 운명을
바꿀 수 있다

《오대사(伍代史)》〈왕언장전〉의 기록에 의하면 진(晉)나라가 국호를 후당(後唐)으로 바꾸고 후량(後梁)을 쳐들어갔을 때, 왕언장이 장수로 출전했으나 크게 패하여 파직을 당했다. 그 후 후당이 재차 후량을 침입했을 때, 또다시 장수로 기용이 되었으나 이번에는 포로가 되고 말았다. 싸움에서 이긴 후당의 왕이 왕언장의 용맹함을 높이 사 후당으로 귀순할 것을 종용했으나 왕언장은 단호히 거절하며,

'표사유피 인사유명(豹死留皮 人死留名)'

"표범은 죽어서 아름다운 가죽을 남기는데 하물며 사람이 이름을 가벼이 여겨서야 쓰겠는가. 나는 떳떳하고 아름다운 이름을 남기겠노라." 라고 하며 죽음을 택했다고 한다.

이 사자성어는 세월이 지나 '호사유피 인사유명(虎死留皮 人死留名)'으로 바뀌었다고 하는데 우리가 잘 알고 있는 이 '호랑이는 죽어서 가죽을 남기고, 사람은 죽어서 이름을 남긴다' 라는 뜻이다. 호랑이도 가죽을 남겨 세상에 이익을 주는데 하물며 사람은 더욱 더 훌륭한 일을 해서 이름을 남겨야 한다는 교훈을 지닌 것이다.

사람들은 나를 무엇으로 기억하게 될까? 이름으로 기억한다. 그래서 부모님들은 집안에 아이가 태어나면 그 이름대로 자라기를 바라며 이름짓기에 신중에 또 신중을 기한다. 기업은 어떨까? 기업의 이미지를 생각하고 이름에 의미를 부여하며 이름짓기에 공을 들인다.

다소 진부하긴 하지만 이름이 남는다는 것에 대해서 한 번쯤은 곰곰이 생각해 볼 필요가 있다. 이것은 내가 살아가는 이유와 관련이 있다. 그동안 '나는 무엇을 위해 공부를 하고 무엇을 위해 취업을 했는지'가 결국 내가 살아가는 이유인 것이다. 그리고 그렇게 긴 시간을 준비해서 온 지금의 자리에서 주인으로 살 수 있을지 없을지는 내 생각의 변화로부터 시작될 수 있다.

오너십은 나의 운명을 바꿀 수 있다

기록에 따르면 장영실의 아버지는 원나라 소항주 출신의 귀화인이다. 장영실이 살던 시기는 원나라가 축출되고 명나라가 기세를 올리던 때였다. 중국에서 왕조가 흥망하면 수많은 망명객들이 조선으로 몰려오곤 했는데 장영실의 아버지도 그런 사람들 틈에 끼어 조선에 들어왔을 것이라는 추측이다.

그렇다면 양반은 아니더라도 양인 정도의 신분을 얻었을 것인데 자식인 장영실이 어쩌다 천민이 되었을까? 그 해답은 바로《조선왕조실록》을 보면 알 수 있다. 장영실의 어머니는 동래현의 기생이었는데 어머니가 관청에 소속된 관기(官妓)여서 장영실은 관노가 되었다고 한다.

조선의 엄격한 신분제도에 따르면 일천즉천(一賤則賤), 즉 부모 중 한 명이라도 천민이라면 자식은 무조건 천민이 된다는 뜻이다. 제도에 의해 조선시대에는 아버지를 아버지라 부르지 못하는 홍길동들이 많았다고 한다.

당시 기술자로서 장영실의 이름은 태종대로부터 한양까지 유명했었는데 어린 시절 그가 틈틈이 동래현의 병기 창고에 들어가 낡고 못쓰게 된 병장기를 손질하면서 천재적인 자질을 발휘했기 때문에 장영실은 관상감 출신의 남양 부사 윤사웅의 추천으로 한양으로 올라가 궁중에서 일할 수 있었다고 한다.

그리고 세종대왕이 그의 재능을 알아보고 장영실의 업적을 높게 평가해 면천해 주고 관직을 내렸다. 현재 시대의 기준으로 보면 장영실을 낙하산이라고도 할 수 있겠지만, 그런 말들이 무색하게 장영실의 발명품들은 훌륭했고, 그런 결과를 만들어내기 위해 노력해서 인정을 받아냈다.

장영실이 면천을 하고, 종 3품(2급 공무원 상당)의 벼슬까지 오를 수 있었던 시작은 재능을 인정받아 한양까지 알려졌기 때문이다. 천민의 신분이었지만 그 재능을 외부로 보여줄 수 있었던 것이 자신의 운명을 바꾼 계기가 된 것이다.

흔히 노비라고 하면 시키는 것만 하는 사람이다. 일반적으로 시키는 것을 할 때는 동기부여가 없으니 마지못해 할 수 밖에 없고 그 성과 역시 좋지 않다. 하지만 장영실은 노비의 신분임에도 불구하고, 스스로 병기 창고에 들어가 낡고 못 쓰게 된 병장기를 고쳤다고 한다. 스스로 문제를 발견해서 해결하는 과정에서 재능이 노출될 수 있었고, 그 결과 동시대를 살았던 노비들과 전혀 다른 삶을 살게 되었다.

만약, 장영실이 다른 노비와 같이 시키는 일만 하고 현재의 삶에 순응하고 살았다면 지금의 사람들이 기억하는 장영실이 있을 수 있었을까? 장영실은 정해진 운명에 맞서 진정 자신의 인생에서 주인으로 살았고, 스스로의 운명을 바꿀 수 있었던 것이다.

수저계급론이란 말이 있다. 이 용어는 대한민국에서 2015년 경부터 자주 사용되고 있는 사회 이론이다. 영어표현인 '은수저를 물고 태어나다.(born with a silver spoon in one's mouth)'에서 유래한 것이며, 유럽 귀족층에서 은식기를 사용하고, 태어나자마자 유모가 젖을 은수저로 먹이던 풍습에서 유래한 말이라고 한다.

수저계급론은 '태어나자마자 부모의 직업, 경제력 등으로 본인의 수저가 결정된다'라는 이론이인데 청년실업, 부익부 빈익빈 등의 각종 사회 문제와 맞물리면서 큰 공감을 얻고 있고, 부모의 직업, 경제력 등에 따라서 금수저, 은수저, 흙수저 등의 분류하여 표현한다고 한다.

예를 들어 스스로 생각했을 때 '나는 흙수저를 물고 태어난 사람'이라고 생각하는 사람이 있다고 하자. 그 사람은 하루하루를 자신을 낳아 준 부모를 원망하고 신세를 한탄하면서 지 낸다고 한다. 물론, 그럴 수 있다. 하지만 그렇게 했을 때 그 사 람이 얻게 되는 것은 무엇일까? 그렇게 원망과 한탄의 시간만 보내고 있으면 누가 그 사람을 도와줄까?

내가 부모를 선택할 수는 없었지만 내 삶의 방향은 선택할 수 있다. 그 시작은 생각의 변화인데, 그 생각은 내가 내 인생 의 주인으로 살아야겠다는 생각인 것이다. 이는 오너십을 갖 춘 사람들의 생각이다. 내가 내 인생의 주인으로 살 때 장영실 이 그러했던 것처럼, 수많은 흙수저들이 자수성가했던 것처 럼, 나도 내 운명을 바꿀 수 있다. 그리고 바뀐 운명이 나의 이 름으로 기억될 것이다. 그렇다면 나는 오너십을 갖출 것인가? 그렇지 않을 것인가?

제4장

90년생,
오너십을 장착하는 법

콤플렉스와
마주하기

연예대상 2관왕을 거머쥐며 제2의 전성기를 구가하고 있는 연예인이 있다. 이영자라는 개그우먼이다. 방송에서 볼 때는 먹교수로 항상 유쾌하고 푸근한 이미지인 그녀가 한 부대 강연에서 밝힌 특별한 습관이 있는데 그것은 바로, 어디를 가나 습관처럼 냄새를 먼저 맡는다는 것이다.

이 습관은 다름 아닌 어린 시절에 생긴 콤플렉스에서 비롯되었다고 한다. 어린 시절 이영자의 부모님은 생선가게를 하셨다고 한다. 직업의 특성상 아무리 깨끗이 씻는다고 해도 하루

종일 생선을 손질하시는 부모님에게서는 생선냄새가 났고, 어린 시절 그 냄새가 창피하고 다른 사람이 본인에게서 냄새난다고 할까봐 항상 걱정을 했다고 한다.

생선가게 딸이라는 콤플렉스가 어디를 가나 냄새부터 맡는 습관을 만든 것이다. 더구나 부모님은 자신에게 사랑한다는 말을 한 번도 하신 적이 없었다고 한다. 이런 경험들이 '놀림을 당할지 모른다는 두려움', '누구에게도 사랑받지 못한다는 괴로움'으로 본인만의 콤플렉스로 뿌리내렸다고 한다.

이런 콤플렉스 때문이였을까? 친구들이 별 뜻 없이 "무슨 냄새지?"라는 말만 해도 발끈해서 싸우기 일쑤였고, "좋아해요"라는 말을 들어도 "급전이 필요한가?" 오해할 정도였다고 한다.

이영자가 한 부대의 강연에서 이렇게 말했다.

"열등감이 정말 무서운 건 내가 알지 못하고 고치지 않으면 세상의 소리를 오해하게 만든다."

이처럼 콤플렉스는 시간이 지나도 사라지지 않고 내가 모르는 사이 다양한 형태로 표출된다. 심지어 남들이 무심코 던지는 말에 상처받고 화내거나 현실에서 도망쳐버리고 싶어한다.

내가 생각하는 콤플렉스와 마주하기

'자격지심(自激之心)'이라는 사자성어가 있다. 자기가 한 일에 대하여 자기 스스로 미흡하게 여기는 마음이라는 뜻이 있다. 자격지심이란 사자성어는 허균이 집필한 홍길동전에 처음 등장한 단어로 허균과 허균의 누이에게 실제 있었던 일에 대해 열등감을 느껴서 자격지심이라는 사자성어를 만들어서 홍길동전에 수록했다고 한다.

자격지심이 있는 사람들은 스스로를 미흡하게 여기는 콤플렉스에 갇혀 스스로를 귀하게 여기지 못하고 자존감이 낮다.

시작도 하지 못하고 포기하는 일들이 생기기 시작하니 꿈도 없고 행복할 수 있다는 생각도 하지 못한다.

도가의 창시자 노자는 이런 말을 했다.

"남을 이기는 자는 지혜롭고, 나를 이기는 자는 밝다.
남을 이기는 자는 힘이 세고, 나를 이기는 자는 강하다.
만족할 줄 아는 자는 부유하며 힘껏 실천하는 자는 뜻이 있다.
자신의 자리를 잃어버리지 않는 자는 오래가고 죽어도 사라
지지 않는 자는 장수한다."

결국 노자가 하고자 하는 말은 스스로에 대한 콤플렉스에서 벗어나 자신의 인생에서 주인으로 살라는 것이다.

이영자는 자신의 콤플렉스를 더 일찍 깨달았더라면 더 행복했을 거라고 말한다. 과연 나는 어떤 콤플렉스를 가진 사람일까? 다른 사람들은 그렇게 생각하지 않는데 나만 그렇게 생각하는 콤플렉스로 나를 가둬 스스로를 아프게 만들고 있진 않

나 생각해 볼 필요가 있다. '나를 아프게 하고, 나를 화나게 했던 것이 무엇일까?', '어린 시절, 나를 아프게 하고 화나게 한 것이 콤플렉스 된 것은 아닌지?'

당장의 자격지심을 벗어 던지기는 쉽지 않겠지만 콤플렉스와 마주하는 것만으로 꿈을 가지고 행복해 질 수 있는 기회를 얻게 된다. 이것이 스스로의 인생에 책임을 지는 오너십을 갖는 방법인 것이다.

공감하는
습관 만들기

정문정 작가의 저서 〈무례한 사람에게 웃으며 대처하는 법〉이라는 책에 이런 내용이 있다.

"나는 공감 능력이 부족한 사람은 사적으로 만나지 않는다. 그들이 주변을 병들게 한다는 것을 알기 때문이다. 공감 능력이 부족한 사람은 다른 사람에게 아무렇지 않게 피해를 준다. 딱히 악의가 있는 것은 아닌데도 결과적으로 그렇게 된다. 다른 사람들을 자신과 같은 인격체로 여기지 않고 의사 결정을 하기 때문이다. 문제가 발생해 비판을 받으면 상대 쪽으로 팅

겨내 버리는 데에도 능하다. 공감 능력이 부족한 사람과 오래 관계를 맺으면 그렇지 않았던 사람도 정서적으로 불안해 지며 자존감이 급격히 낮아진다."

회사의 일을 내 일과 같이 할 수 있는 사람을 오너십이 있는 사람이라고 했다. 회사의 일을 내 일과 같이 하려면 '왜' 내가 회사의 일을 내 일과 같이 해야 하는지에 대한 의문이 풀려야 한다. 이런 의문을 풀어가는 과정은 공감의 과정이다.

'공감(共感)'은 사전적 의미로 다른 사람의 감정, 의견, 주장 등에 대하여 자기도 그렇다고 느끼는 것'으로 정의된다. 사회 생활을 하다 보면 종종 나와 상대방이 생각 차이로 갈등을 겪는 경우가 있는데 이러한 갈등은 공감능력이 부족한 것이 원인이라고 생각한다. 이런 공감능력이 부족한 사람은 '왜'에 대한 의문을 풀 수 있는 능력 역시 부족한 사람이다. 다시 말해 오너십 있는 사람의 역할 중 하나인 타인과 사회에 대한 책임을 위해서는 '왜' 해야 하는 공감능력을 키워야 한다.

사회생활에서 타인을 공감하는 것은 왜 중요할까? 사람은 일반적으로 누군가로부터 인정받고 싶어한다. 서로 다른 생각과 관점을 가졌더라도 같이 있는 그 순간을 함께 느끼고 이해하는 것을 통해 만족하고 행복해 한다. 결국 함께 살아가는 사회생활에서 다른 사람들과의 불필요한 오해와 같은 감정 소비를 줄일 수 있는 것이 공감의 힘이다.

2008년에 카네기멜론 대학교와 MIT 대학교 심리학자들이 합동으로 상대적으로 성과가 좋은 팀은 어떠한 성과가 있는지에 대한 연구를 진행했다.

연구팀은 699명을 모집해 152개의 팀으로 나누고 각 팀에 다양한 수준의 협력이 필요한 여러 과제를 내주며 흥미로운 사실을 발견했다. 과제의 유형이 매우 다양했음에도 불구하고 하나의 과제를 잘 해내는 팀이 다른 과제도 잘 해내더라는 것이다. 반대로 하나의 과제를 실패한 팀은 다른 과제도 실패하는 확률이 매우 높았다.

과제를 잘하는 팀과 그렇지 못한 팀은 두 가지 큰 차이가 있었다고 한다. 하나는 팀 문화, 다른 하나는 사회적 감수성이었다. 과제를 잘 해내는 팀은 모든 팀원이 거의 같은 비율로 대화를 했고, 상대방의 얼굴 표정, 말투, 목소리, 몸짓 등을 보고 상대의 감정을 직관적으로 잘 이해했고, 그렇지 못한 팀은 소수가 발언을 독점하는 경향이 강했다.

굳이 연구 결과를 언급하지 않아도 혹은 정확히는 몰라도 본능적으로 사람과 사람이 함께 하는 공간에서 공감하는 일은 상당히 중요하다. 출근을 할 때마다 고통이라고 느껴지는 것은 내가 존재감이 없다고 느끼고 도구가 되었다는 느낌이 들어서일 것이다. 나의 존재를 지지해주는 사람이 단 한사람만 있어도 적어도 출근이 고통스럽지는 않을 것이다. 그렇다면 다른 사람의 공감 능력을 이야기하기 전에 과연 나는 얼마나 다른 사람들을 공감하고 있을까?

공감은 오래된 학습의 결과라고 한다. 단순히 상대방을 안다는 관점에서 벗어나 사람에게 관심을 갖고 집중하고 질문하는 과정 속에서 사람에 대해 공감할 수 있게 된다. 결국 공감은 라디오의 주파수를 맞추듯 다른 사람의 감정과 생각에 주파수를 맞추는 과정인 것이다.

공감하는 습관이 필요하다

사람의 뇌는 반복되는 것을 중요하게 생각한다고 한다. 평소에 하던 것을 하루 아침에 바꾸지 못하는 것은 장기적으로 반복된 행동으로 몸이 기억하고 있는 것이다. 다르게 얘기하면 장기적으로 반복해서 몸이 기억하게 만든다면 행동으로 이어질 수 있다. 아마 이런 반복된 행동의 결과를 습관이라 부를 수 있을 것이다.

공감하는 것이 중요하다는 것을 알고 있지만, 공감하는 능력이 하루 아침에 생겨나지는 않을 것이다. 결국 공감은 반복된 습관으로 만들어 나가야 한다. 다음에 소개되는 공감하는 습관을 만들기 위한 팁을 긍정적인 습관으로 바꿔나갈 수 있는 방법이라고 믿고 도전해 보자.

'인물 중심의 문학소설을 읽자.' 훌륭한 공감능력이 있다는 말은 상대방의 마음을 잘 '상상'할 수 있다는 말이 된다. 어떤 한 인물의 마음과 성격을 마음속에 그려내는 연습을 많이 할수록 공감능력은 향상될 수 있다. 그렇다면 우리는 언제 그런 연습을 많이 하게 될까요? 바로 소설을 읽을 때이다.

문학소설을 읽을 때 보면 자연스레 주인공과 그 주변 인물들의 심리를 해석하고 공감하면서 배워나가게 되는데 이렇게 여러 인물들의 심리상태와 성향 등을 동시에 알 수 있고 그런 과정을 계속 반복하게 되면서 타인의 마음을 읽는데 도움이 될 수 있다고 한다.

2011년 캐나다 요크대학의 레이몬드 미르가 86건의 연구를 메타분석한 결과 소설을 이해할 때 사용하는 뇌 부위와 인간관계를 다룰 때 사용하는 뇌 부위가 상당부분 일치한다는 사실을 발견했다고 한다. 물론 효과가 있는 소설은 인물 중심의 문학소설이었다. 문학소설을 읽을 때 우리는 자연스럽게 주인공과 그 인물을 둘러싼 다양한 상황들에 대해 심리를 해석하게 되는데 그런 과정을 계속 반복하게 되면서 자연스럽게 우리는 타인의 마음을 읽을 수 있는 능력을 키울 수 있게 되는 것이다.

'말하기 전에 일단 듣자.' 말하는 것만으로도 스트레스가 풀린다고 한다. 그래서 그동안 쌓인 스트레스를 푸느라 상대방의 이야기는 듣지 않고 사람들이 내 이야기만 하는 것은 아닌지 모르겠다. 갈등의 불씨가 되는 것은 잘 듣지 않고 내 생각을 일방적으로 주장하기 때문인데 반대로, 잘 듣게 되면 갈등의 가능성이 줄어들고 공감하는 능력이 생기게 된다. 공감하는 능력이 높은 사람일수록 잘 듣는다.

심리학자 제임스 페니베이커(james Pennebaker)는 여러 작은 그룹으로 나누어 고향, 출신 대학, 직업 등 각자 자신이 선택한 주제로 사람들과 15분 동안 대화를 하도록 했다. 15분 후 사람들에게 그 그룹이 얼마나 마음에 들었는지를 물었더니 자기가 이야기를 많이 할수록 그 그룹이 더 마음에 든다고 답했다. 결국 경청하는 사람은 말하는 사람에게 호감을 이끌어 낼 수 있고, 말하는 사람은 말 듣는 사람을 좋아하게 된다는 것이다.

또한, 2012년의 직장 내 영향력이 높은 사람은 어떠한 특징이 있는지를 알아본 연구에 의하면 말을 잘하는 것과 타인의 말을 진실하게 경청하는 능력이 결합된 인물일수록 동료들에게 신망을 얻는다는 사실을 알아냈다.

특히, 경청을 잘하는 사람들은 적극적 듣기 자세를 취한다고 한다. 자세를 말하는 사람으로 약간 기울이고 눈을 맞추며 고개를 끄덕이는 행위를 한다는 것이다. 누군가 말을 하는 데 눈도 마주치지 않고 자세는 뒤로 제쳐 있다면 오히려 말하는 사람이 불쾌감을 느낄 수 있다. 상대방에 대한 깊은 공감을 갖고 적극적 자세로 경청하게 된다면 당신을 좋아하지 않을 수 없을 것이다.

'겸손한 마음가짐을 갖자.' UC 버클리 대학의 대처 켈트너 교수팀은 연구를 통해 지위가 낮은 사람일수록 다른 사람의 관점을 잘 읽는다는 것을 알아냈다. 또한 노스웨스턴 대학교의 아담 갈린스키는 '나는 힘이 없는 사람이다'라고 생각할수록 타인의 대한 공감능력이 향상된다는 것을 밝혀냈다.

결국, 교만은 타인의 마음을 읽는 능력을 상실시키지만 겸손은 타인의 마음을 헤아릴 수 있는 능력을 올려준다는 것이다. 겸손함 그 자체만으로도 사람의 가치를 더 높여 주니 대인관계에서도 도움이 된다.

이미지 트레이닝 하기

'이미지 트레이닝(image training)'은 체육분야 등에서 올바른 기술 따위의 습득을 위하여 머릿속에 그 운동이나 동작을 그려 보는 연습방법이다. 많은 운동선수들이 시합 전 경기장 속에서 맹활약하는 자신의 모습을 상상하면서 이미지 트레이닝을 한다. 상상을 통해 긍정적인 현실을 만들기 위해서이다.

『삼국지』를 보면 '망매지갈(望梅止渴)'이라는 고사성어가 등장한다. 매실은 신맛이 나기 때문에 그것을 보기만 해도 침이 돌아 목마름을 없애 준다는 뜻으로, 공상으로 마음의 위안을 얻는다는 말이다. 장수와 유표가 손을 잡자 조조는 그들을 토벌하기 위해 30만 군사를 일으켰다. 그런데 하필 6월이라 뜨거운 햇살 아래 땅은 갈라지고 길도 험해 행군이 쉽지 않았다. 군사들은 기진맥진하다 못해 쓰러져갔고 설상가상으로 물까지 떨어졌지만 우물이 나타날 기미는 보이지 않았다. 그때 조조가 외쳤다.

"저 산을 넘어가면 매실 밭이 있으니 조금만 힘을 내라!" 이 말을 들은 병사들은 매실을 떠올리며 산을 넘었는데 신기하게도 갈증이 덜했다. 왜일까? 신 매실을 상상하자 입안에 침이 고였기 때문이다

조조가 어떤 생각을 하고 그렇게 외쳤는지 모르겠지만 부하들의 상상을 자극해 위기상황을 극복해 낸 것만은 틀림없다. 많은 사람이 상상을 불안과 걱정을 키우는 데 사용하지만 상상을 잘 활용하면 조조처럼 위기를 극복하는 좋은 도구로 쓸 수 있는 것이다.

박상영 선수의 2016년 리우올림픽 펜싱 남자 에페 결승전은 올림픽 최고의 명장면으로 손꼽힌다. 아무도 예상 못했던 금메달의 획득이라는 점도 있지만 2라운드 종료 후 혼잣말로 "할 수 있다"를 되뇌이고, 거짓말 같이 세계 랭킹 3위인 헝가리 선수에게 9-13으로 뒤지던 상황에서 15-14로 역전을 하는 장면이 많은 사람에게 큰 감동을 주었기 때문이다.

우리는 자신의 생각 이상을 실현할 수 없다는 말이 있다. 생각 또는 상상의 크기가 그 한계를 만들 수도 뛰어넘을 수도 있다는 뜻이다. 이미지 트레이닝은 박상영 선수가 이뤄낸 기적처럼 상상의 한계를 넘어설 수 있는 좋은 방법이다.

이미지 트레이닝을 통한 오너십 함양

어떤 연예인들은 이름만 들어도 그 연예인만이 주는 느낌이 있다. 그것이 그 연예인의 이미지이다. 이렇듯 이미지는 한 사람의 정체성과 같다. 그렇다면 회사의 상사, 동료들은 어떤 이미지의 사람을 좋아할까? '시켜야 하는 사람?', '스스로 하는 사람?' 당연히 스스로 하는 이미지의 사람을 좋아할 것이다. 그 사람에게서 오너십이 있는 모습을 보기 때문이다. 그렇다면 오너십 있는 사람의 이미지를 만들기 위한 이미지 트레이닝은 어떻게 하는 것이 좋을까?

우선 나의 상상 속 이미지를 만들어야 한다. 가령 '나는 항상 밝고, 건강하고 솔직하고, 적극적인 긍정적인 언어를 사용하는 사람이다.'라고 나를 설정했다면 아침에 출근해서 평소 어려운 상사나 친분이 별로 없는 동료 직원을 복도에서 만났을 때 "안녕하세요. 좋은 아침입니다." 하고 내가 먼저 인사를 하는 사람의 이미지를 만드는 것이다.

이렇게 나의 상상 속 이미지를 만들어졌다면 이것이 현실 속 이미지가 될 수 있도록 훈련이 필요하다.

'자기암시문을 작성해보자.' 내가 설정한 상상 속 이미지의 모습을 암시문으로 선정해 보는 것이다. 그것을 아침에 일어날 때부터 스스로에게 주문을 걸 듯이 자주 말해준다. 운동선수가 시합장에 나설 때마나 파이팅을 외치거나 '할 수 있다'라는 자기주문을 하는 것처럼 자신에게 힘을 주는 긍정의 소리인 것이다. 처음에는 잘 모를 수 있지만 연습하다보면 서서히 변하는 것을 느낄 수 있다.

'모델링을 통해서 자기를 변화시키자.' 평소 내가 생각하기에 닮고 싶은 이미지의 사람이 있다면 그 사람의 이미지를 나와 동일시하는 것이다. 그 사람이 나의 아바타 라는 생각을 갖자. 모종의 상황에 직면했을 때 '그 사람은 어떻게 생각하고 행동할까?'를 떠올리면서 내가 생각했던 이미지로 변화시켜 보는 것이다. 모델링은 자연스런 이미지의 대상이 되기 때문에 그 사람과 동일시하게 된다. 그 사람의 장점을 잘 배워서 내게 적용이 가능하다면 이것이 이미지트레이닝인 것이다.

이미지 트레이닝은 기간을 정해놓고 단기간에 할 수 있는 것이 아니다. 한 사람의 이미지를 바꾼다는 것은 미용실에서 헤어스타일을 바꾸거나 옷을 갈아 입는 것과는 차원이 다른 문제다. 그만큼 충분한 시간이 필요하다.

  이미지 트레이닝 자체가 긍정적인 변화를 위한 자기 암시이
다. 목표가 정해졌다면 그 목표가 희미해지지 않게 한계를 뛰
어넘는 상상을 통한 이미지 트레이닝을 하자. 그렇게 하다보
면 나는 회사의 상사와 동료직원들에게 나의 상상 속 이미지
에서 내가 원하는 현실 속 이미지로 각인될 수 있다.

비전노트
만들기

강의를 할 때마다 하는 질문이 있다. 쌍기역으로 시작하는 한 글자 단어가 뭐가 있을까요? 답이 정해져 있다고 생각했는데 "껌, 꿩, 끝, 꾀……." 다양한 단어로 대답한다. 듣고 싶었던 단어는 '꿈'이였다. 특히나 '끝'이라고 대답할 때는 평소의 생각이 무의식 중에 반영된다고 생각하는 내 입장에선 다소 충격적이였다.

그렇게 듣고 싶은 던 단어가 '꿈'이였다고 하고, "꿈이 있는 사람 손 한번 들어볼까요?" 했을 때 내 강의의 평균 인원인 40

명을 기준으로 했을 때 많아야 1~2명 정도만 꿈이 있다고 자신감 있게 손을 든다. 귀찮아서, 부끄러워서 참여를 안했다고 하더라도 쓸쓸한 마음이 드는 것은 어쩔 수가 없다.

7살 딸아이한테 꿈이 뭐냐고 물어보면 그만 하라고 할 때까지 계속 이야기할 기세다. "뭐가 되고 싶고, 뭐가 하고 싶고, 뭐가 사고 싶고"... 한참을 이야기한다. 근데 언제부터인가 많은 사람이 꿈이 없이 살아가고 있는 것이 아닌가 안타까운 생각이 들었다. 꿈이 없는 삶은 목표가 없고 좋아하는 게 없다는 것이고 내 지금의 삶이 행복하지 않다는 생각을 할 수 있기 때문이다.

나는 오너십이 있는 삶은 자신에 대한 책임이고 스스로의 삶에 주인으로 사는 것이라고 말하고 있다. 스스로의 삶에 주인으로 산다는 것은 의미있는 삶을 사는 것인데 그러한 삶은 '꿈'을 가지고 목표를 위해 계속해서 노력하면서 행복한 기분을 느끼는 것이다.

그렇다면 꿈을 어떻게 생각하면 좋을까? 꿈은 이렇게 생각하면 좋을 것 같다. '꿈은 시간, 돈에 상관없이 하고 싶은 것, 되고 싶은 것, 갖고 싶은 것'이다. 꿈이 없는 사람들의 변명은 이렇다. "내가 돈이 없어서 꿈을 이루지 못했다.", "내가 시간이 없어서 꿈을 갖지 못했다"라고 한다. 꿈은 조건이 된다고 해서 갖거나 가질 수 있는 것이 아니라 어릴 적 내가 정말 좋아해서 그 생각만으로 행복할 수 있다는 생각이다. 그렇게 되면 나는 스스로의 인생을 주인으로 살아갈 수 있는 준비가 되어 있는 것이다. 물론 시간과 돈을 아낌없이 투자해야 이룰 수 있는 '꿈'이지만 스스로를 위한 것이니 충분히 투자할 가치가 있는 것이 꿈이 실현되는 그 순간의 행복감을 생각해 보자. 그리고 난 후 후회없는 삶을 살았다고 이야기할 수 있을 것이다.

꿈을 구체화한 비전노트를 만들자

'3%만 아는 성공의 법칙'이 있다고 한다. 1953년 미국의 예일대 졸업생들을 대상으로 '당신은 인생의 구체적인 목표와 계획을 글로 써놓은 것이 있습니까?'라는 내용으로 설문을 진행한 적이 있었다. 졸업생 중, 단 **3%만이 '인생의 구체적인 목표와 계획을 글로 쓰고 실천하고 있다'**고 응답했고, 나머지 97% 중 **10%는 '글로 적어놓진 않았지만 구체적인 목표와 계획을 갖고 있다', 87%는 '인생의 구체적인 목표를 갖고 있지 않다.'** 라고 응답했다.

20년 후 1973년, 설문에 응한 생존자들을 대상으로 경제적인 수준을 확인했더니 놀랍게도 졸업할 당시 '구체적인 목표를 글로 쓰고 실천한다'고 답했던 3% 졸업생의 재산이 나머지 97%의 졸업생들보다 **16배** 이상 많았고, '글로 적어놓진 않았지만 구체적인 목표가 있다'고 답했던 10% 졸업생의 재산이 '구체적인 목표가 없다'고 답했던 87% 졸업생의 재산보다 **5배** 이상 많았다고 한다.

예일대 조사 이후 하버드 경영대학원에서도 비슷한 연구가 수행됐는데 1979년 하버드 MBA 과정 졸업생 중 3%는 자신의 목표와 그것을 달성하기 위한 계획을 세워 기록했고, 13%는 목표는 있었지만, 기록하지 않았고 나머지 84%는 목표조

차 없었다.

  10년 후 1989년, 목표가 있었던 13%는 목표가 없었던 84%의 졸업생들보다 **평균 2배**의 수입을 올리고 있었다. 뚜렷한 목표를 가진 3%는 나머지 97%보다 무려 **평균 10배**의 수입을 올린 것으로 조사됐다고 한다.

  경제적인 부로 인생 성공의 절대적인 기준으로 삼을 수는 없지만 분명한 것은 목표가 있거나 그것을 적어놓고 실천한 사람은 없는 사람과는 다른 삶을 살고 있었다는 것이다. 그리고 목표라는 것은 하고 싶고, 되고 싶고, 갖고 싶어하는 꿈을 실제적으로 정해놓은 것인데 그것을 글로 적었을 때는 더 큰 효과가 있다는 것을 알 수 있다.

  꿈을 갖는 것만으로도 큰 동기부여가 될 수 있다. 그리고 그 꿈을 실제적으로 정해놓은 것을 목표 또는 비전이라고 할 수 있을 것이다. 위의 사례가 아니더라도 꿈이 희석되지 않게 나의 목표를 적어놓은 비전노트를 만들면 좋다.

하지만 비전노트라고 해서 너무 거창할 필요는 없다. 나는 하고 싶고, 되고 싶고, 갖고 싶어하는 어떤 꿈이 있는지 먼저 정하고 그것에 대한 실제적인 목표를 정하는 것이다. 그리고 목표를 이루기 위한 기간별 단계를 설정하고 내용을 계속해서 적으면서 보완해 나가면 된다.

예시)

나의 꿈 : 회사에서 인정받는 사람이 되고 싶다.			
나의 목표 : 인사관리분야 전문가			
구 분	구체적인 내용		비 고
비전 1단계	예) 관련분야 전문성 확보 및 인사관리부서 발령		5년 이내
목 표	달성여부	기 한	
공인노무사 자격 획득		~2019	
전문강사		~2021	
인사부서 발령		~2023	
비전 2단계	예) 인사관리분야 경력 쌓기		5~10년 이내
비전 3단계	예) 인사관리부 최고 책임자 되기		10년 이후

생각하고 써보지 않고서는 비전노트의 효과를 모른다. 비전노트를 내가 꿈을 향해 제대로 가고 있는지 알 수 있는지와 꿈을 향한 목표가 적당한지, 부족한지를 중간점검을 할 수 가장 기본적인 정리도구 개념으로 생각하면 좋을 것 같다. 그렇게 노트의 빈 공간이 채워질수록 나는 내 인생에 주인으로 살아가는 오너십이 있는 사람이 되어 있을 것이다.

5
생각나면
해보기

    일이 잘 풀리지 않을 때 사람들은 흔히 '답이 없다'라고 말한다. 현재의 문제나 상황에 대한 해결방법을 못 찾았다는 의미이다. 하지만 방법이 없다고 손 놓고 있으면, 어릴 적 부모님처럼 그 누구도 그 문제를 적극적으로 해결해 주지 않는다. 결국 해결의 실마리는 직접 풀어야 하는 것이다. 그때 필요한 것이 '실행력'이다.

    실행력의 사전적 의미는 **'자기의 생각을 실제로 행하는 능력'**을 말한다. 오너십을 정의할 때, 마당에 돌이 떨어져 있는데 그

돌에 누군가가 다칠 것이라는 생각을 하고 돌을 치우는 행동까지 해야 오너십이 있는 사람이라고 했다. 행동을 강조한 이유는 행동하는 실행력이 오너십의 완성이 되기 때문이다.

1964년 블루 리본 스포츠(Blue Ribbon Sports)로 시작된 스포츠화 기업은 1978년 '나이키'로 이름을 바꾸었다. 1977년 취임한 지미카터 대통령은 그의 트레이드 마크와 같은 조깅을 선보이며 생활 체육의 붐을 일으키며 운동화에 대한 수요도 급격히 높아졌다. 그러나 강력한 경쟁자인 리복은 에어로빅 시장을 개척하여 운동화 시장에서 나이키를 제치고 큰 점유율을 갖고 있었다.

이때, 나이키는 1988년 "Just do it" 캠페인을 시작했다고 한다. 운동화는 프로선수나 마니아들만 선택하는 것이 아니라 나이, 성별, 건강의 정도를 떠나 누구나 신을 수 있는 매력적인 신발이라는 것을 알리고자 했고, 기존의 나이키 광고에 유머 코드와 같은 감성적인 면을 부각시켰다.
여든 살 먹은 경주자는 이렇게 말한다. "나는 매일 아침 17

마일을 뜁니다. 사람들은 묻지요. 겨울에는 추워서 이가 딸각 거릴 텐데 어떻게 하냐고요. 그래서 나는 이를 락커에 두고 뜁 니다."

지금도 지속되고 있는 "Just do it"은 사람들에게 끊임없이 용기 있게 도전하라고, 실패를 두려워하지 말라고, 결단을 내 리라고 충동하고 있다. 사람들은 무언가를 하기 위해 결과에 대한 걱정부터 하며 시작을 하지 못한다. 왜 '시작이 반'이라고 하며 시작의 중요성을 강조할까? 시작하게 되면 어떻게든 반 을 채워 결과를 만들어낼 수 있기 때문이다.

일단 생각나면 쉬운 것부터 해보자

사람들은 흔히 무언가를 시작하기 전에 목표라는 것부터 세 운다. 하지만 그 목표가 도리어 방해가 되는 경우가 있다. 목표 는 크게 세워야 한다고 생각이 있기 때문이다. 이왕 시작하는 거 결과가 좋아야겠다는 생각에 목표를 크게 설정하다 보면 막상 행동으로 옮기기가 만만치가 않다.

우선 '목표는 낮게 잡고 생각날 때 할 수 있는 것들을 하나, 둘씩 점점 많이 만들어 나가는 것'이 좋다. 가령, 평소 책과 담을 쌓고 지냈던 사람이 TV를 보다가 독서가 중요하다는 이야기를 듣고 한 달에 한 권씩 책을 읽는다는 목표를 세우는 것보다 하루에 1페이지를 읽는다는 목표를 세우는 것이다.

쉬운 목표는 실행을 쉽게 한다. 그리고 실행은 '생각날 때 하면 된다.' 생각나서 즉시 하게 되니 어떻게든 결과가 나오게 된다. 그 결과물들이 차곡차곡 개개인의 경험치로 쌓이게 되고, 작은 경험치들이 모여 큰 경험치가 된다. 경험치가 쌓인 만큼 어떤 상황에 대한 지혜가 생기게 되어 내가 하고 있는 행동에 대해 옳고 그름을 판단할 수 있게 된다.

'구슬이 서 말이라도 꿰어야 보배'라는 속담이 있다. 아무리 좋은 것이라도 쓸모 있게 만들어 놓아야 값어치가 있다는 뜻이다. 결국 구슬이 보배가 되기 위해서는 '구슬을 꿰는 행동'이 있어야 한다.

　사람들은 무언가를 해야 할 때도 안할 때도 핑계를 찾기 때문에 한 번에 마음 먹은 것을 하기가 어렵다고 한다. 하지만 10가지 스펙을 쌓아서 원하는 회사에 입사할 수 있었다면 이번에는 열한 번째 스펙을 통해 회사의 보배가 되어 보자. '열한 번째 스펙, 즉 오너십의 완성은 실행력'이다. 그 시작은 그냥 생각날 때 해보는 것이다.

멘토
찾기

'멘토(Mentor)'란 본래 그리스 신화의 등장인물에서 유래한 단어로 이타카의 왕 오디세우스의 벗 "멘토르"를 뜻하는데 오디세우스는 전쟁에 나가기 전 친구 멘토르에게 아들 텔레마코스를 부탁하고, 오디세우스가 트로이 전쟁으로 10년여간 집을 비웠을 때 돌아오기까지 멘토는 텔레마코스의 선생, 친구, 상담자가 되어 그를 돌보아 주었던 것이 지금까지 이어져 멘토는 '한 사람의 길잡이, 조력자, 도움을 주는 사람'의 의미를 가지게 되었다고 한다.

"당신이 가장 존경하는 인물은 누구입니까?"라는 질문은 면접이나 자소서를 준비해 본 '취준생'이라면 익숙하게 접해 본 단골 질문이다. 지금의 나를 있게 해 준 사람, 즉 살아오면서 영향력을 끼친 사람이 있었다면 그 질문에 대한 대답과 이유에 비교적 쉽게 대답할 수 있겠지만, 그렇지 않거나 그런 생각의 여유조차 없었던 사람이라면 딱히 떠오르는 인물이 없어 어렸을 때 기억 속 세종대왕, 이순신 장군과 위인을 소환했을지도 모른다. 그리고 사회생활을 하는 지금도 누구를 존경한다고 해야 할지, 누구를 자신의 멘토로 삼아야 할지 막막하기만 하다. 특히, 오너십을 가진 멘토를 찾는 일이라면 더욱 어렵게 느껴질 수 있다.

선한 영향력을 가진 멘토를 찾자

멘토는 "무엇을 해라, 마라" 하는 사람이 아니라 **선한 영향력**을 느끼는 사람이라고 생각한다. 오너십을 가진 사람이라면 나 자신은 물론 타인에 대한 책임을 지는 사람인데, 그런 사람이라면 나에게 선한 영향력을 끼칠 수 있다는 생각이다. 처음부터 멘토라는 생각이 드는 사람이 얼마나 있을까 싶지만 일정시간을 같이 지내오면서 존경하는 마음이나 닮고 싶은 생각이 드는 사람이 있다면 그 사람은 자신에게 **'선한 영향력'**을 끼칠 수 있는 사람, 즉 **'멘토'**인 것이다.

멘토를 찾기 위해 우선시 되어야 하는 것은 내가 추구하고 있거나 또는 지금의 생각과 행동을 하는데 영향을 끼친 사람이 누구인지를 생각해 보는 것이다. 그리고 그 사람의 오너십 있는 행동이 무엇이 있었는지 생각해 본다면 좀 더 멘토 찾기가 쉬워질 것이다.

멘토 찾기의 첫 번째 대상은 가족이다. 가족은 그 누구보다도 내게 큰 영향을 끼친 사람들이다. 정상적인 사고를 가진 사람이라면 나름의 기준을 설정하고 가족에 대한 책임을 다해야 한다는 생각을 가지게 된다. 그래서 가족 중에서 멘토를 찾는 것이 그리 어려운 일이 아닐 수도 있다. 지금의 내 생각과 행동이 우리 가족 중 누군가가 내게 영향을 주어 생겨난 생각과 행동이였다면 멘토로서 큰 도움이 될 수 있다.

다음으로 사회생활을 하기 전, 영향을 줄 수 있는 사람이 있다면 선생님일 것이다. 존경하는 마음이 들 정도의 선생님이었다면 그 선생님의 어떤 생각과 행동이 일정 이상의 영향력을 줬다는 증거이다. 그렇다면 그 선생님을 찾아 조언을 구하는 것도 방법이다. 학교라는 곳이 작은 사회 속에서 처음으로 내가 사람들과의 관계를 형성하는 곳 인만큼 나를 지켜보아 온 선생님이라면 나의 멘토로서 충분한 역할을 해줄 수 있을 것이다.

살면서 가족만큼 돈독한 사이라면 친구일 것이다. 학창시절 학업, 취업준비 등의 힘든 시기를 함께 했고, 누구보다 나에게 직언을 해줄 수 있는 사람이다. 가치관에 따라 친구에 대한 생각이 다를 수 있겠지만, 친구는 내 입장을 잘 이해할 수 있는 **'같은 위치'**의 사람, 제3의 입장에서 나에 대해 이야기할 수 있는 사람인 것이다. 이때, 무언가를 배운다는 생각보다는 나를 가장 잘 아는 친구를 멘토 삼아 나의 장점과 단점에 대해 귀 기울여 보는 것이다.

멘토로 삼을만한 사람 중 위인을 빼놓을 수 없다. 존경받는
다는 것은 역사 속에서 보여준 위인의 생각과 행동이 사람들
에게 긍정적인 영향을 줬기 때문일 것이다. 자신의 롤모델로
서 위인이 남긴 업적들과 명언들을 통해 나만의 가치관을 정
립하고 행동으로 실천하는데 도움이 될 수 있다.

마지막으로 나와 같이 회사에 다니는 선배 또는 동료를 멘토
로 찾는 것이다. 회사를 다니다 보면 본인이 닮고 싶은 사람이
나 사회생활을 잘한다는 이야기를 듣는 사람이 있다. 앞의 '사
회생활을 수월하게 만드는 오너십'에서 동료 후배들이 고충을
털어놓았던 A씨가 그런 사람이다.

오너십 장착을 위해 다양한 방법을 시도하고 있다면 평판이
좋은 사람 또는 내가 끌리는 사람을 찾아 벤치마킹하는 것을
병행하는 것이 효과적일 수 있다. 멘토가 가지는 장점을 배우
기 위한 직 · 간접적인 노력은 그들의 경험을 통해 시행착오를

줄이는 데 많은 도움이 될 것이다. 오너십 장착에 도움을 줄 수 있는 멘토를 찾아보자.

역경지수
높이기

그동안 취업을 위한 10가지 스펙을 갖추는 과정이 순탄치만은 않았을 것이다. 취업준비를 하는 과정은 눈물 없이는 못 들을 이야기이다. 그렇게 잘 견뎠는데 어찌된 일인지 사회생활이 더 어렵고 눈물겹다. 이제껏 살아오면서 이렇게 서러울 때가 있었나 싶다. 포기하기에는 지금까지의 노력이 너무 아깝고 지금을 잘 견디면 괜찮아질 것도 같다. 하지만 어떻게 해야 할지 모르겠다. 이럴 때 필요한 것이 '역경지수(AQ. Adversity Quotient)'이다. 그리고 이러한 역경지수는 자신의 인생에 책임을 지는 열한 번째 스펙, 즉 오너십을 지탱하는 중요한 요소이다.

역경지수는 1997년 미국의 커뮤니케이션 이론가인 폴 스톨츠 박사가 제안한 개념이다. 그는 『역경지수』라는 저서에서 역경지수와 성공은 상관관계가 있으며, '역경지수가 높은 사람이 성공하는 시대'가 올 것이라고 주장해 관심을 끌었다.

역경지수의 사전적 의미는 어려운 상황을 슬기롭게 이겨내는 능력이다. 여기서 주목해야 할 부분이 '슬기롭게'이다. 사람이 살아가는 과정은 힘든 일들의 연속이다. 하지만 힘든 일들이 있을 때마다 이겨는 내지만 다음의 행동을 할 수 있는 힘이 남아있지 않다면 슬기롭지 못한 것이다.

전문가들에 의하면 역경지수가 낮아지는 이유를 '공동체 의식 약화로 고립된 삶을 사는 사람들이 증가', '물질적인 풍요 속에서 살다보니 역경을 만나고 극복하며 내성을 쌓을 시간이 부족', '도전보다는 안정을 추구하는 사회 분위기'로 그 원인을 지목했다. 이렇게 최근 사회 구성원들의 역경지수가 낮아지고 있다면 역으로 사회는 역경지수가 높은 사람을 필요로 할 것이다.

일본의 도쿄대 공대를 최우수 성적으로 졸업한 졸업생의 이야기이다. 이 졸업생은 마쓰시다 그룹 입사시험에 응시해 스스로 만족할만한 시험을 봤다. 하지만 합격자 명단에 자신의 이름이 없었고, 수치심과 분노로 극단적인 선택을 했다.

다음날 회사는 전산의 문제로 수석합격자인 졸업생의 이름이 누락되었다고 사과의 내용과 함께 전보를 보냈으나 이미 때는 늦은 뒤였다. 그러나 이 상황을 보고 받은 그룹 총수인 마쓰시다 고노스케는 다음과 같은 의외의 말을 전했다고 한다.

"젊은 나이에 세상을 떠나게 된 것은 매우 애석하고 미안한 마음이다. 하지만 우리 회사의 입장에선 다행스런 일이다. 좌절을 이겨내지 못하고 극단적인 선택을 하는 정신으로는 우리 회사의 중요한 일들을 감당할 수 없다. 수석합격으로 입사했으면 중요한 요직에 배치되었을텐데 그 자리에서 좌절을 겪었다면 더 큰 비극을 초래했을 것이다."

　결국, 마쓰시다 회장이 중요하게 생각한 것은 개인의 지적인 능력보다 '심리적 자질'이였는데 이것이 역경지수였던 것이다. 우리는 위 사례를 통해서 역경지수가 왜 필요하고, 중요한 것인가를 알 수가 있다.

오너십을 위한 역경지수를 높여라

　스톨츠는 역경에 대처하는 인간의 유형을 등산에 비유했다. 산에 오르다 장애물을 만나면 포기하고 내려오는 사람(quitter), 어느 정도 올라가기는 하지만 자신의 한계 안에 안주하며 그 자리에 머물러 현상유지에 만족하고 안주하는 사람(camper), 역경에 부딪치면 자신의 모든 능력과 지혜를 동원하여 그 역경을 극복해내며 고지를 점령하는 사람(climber)이 있다고 했다.

역경지수가 높은 클라이머는 역경의 상황에서 타인을 비난하거나, 자책하지 않는다고 한다. 역경은 사람에게 지혜와 겸손을 주며 의지와 인내심을 주기도 한다고 한다. 하지만 그 힘을 기를 역경지수가 낮다면 그 기회조차도 얻지 못하게 될 것이다. 그렇다면 역경지수를 높이기 위한 방법은 무엇이 있을까?

먼저 **'나를 정확히 알아야 한다.'** 사람마다 직업적인 흥미, 기질과 성격이 다 다른데 그것을 잘 알게 된다면 좋아하는 일과 재능을 파악하게 되어 나의 미래를 행복하게 디자인하는데 도움이 된다. 그리고 나를 알면 할 수 있는 것과 할 수 없는 것에 대한 구분을 할 수 있는데 할 수 있는 것에 집중하여 동기부여를 확실히 할 수 있어 지치지 않을 수 있다.

'스스로 해결하는 습관을 키워야 한다.' 사회생활은 홀로서기의 시작이다. 하지만 우리는 유치원을 다니기 시작하면서 세상은 '내 마음대로 할 수 없다', '스스로 해야 한다'는 것을 배웠다. 혹시 그동안 스스로 할 수 있는 일을 너무나 쉽게 누군가에게 도움을 통해 해결했다면 사소한 것부터 스스로 해보는 것이 도움이 될 수 있다. 예를 들어 문서를 기안하거나 기획안을 스스로 작성해 보는 것과 같이 사소한 것들 말이다. 이렇게 스스로 해보는 습관이 개인의 성취감을 향상시켜 역경지수를 높일 수 있다.

'때로는 멈추거나 느리게 걸어야 한다.' 고속도로를 통해 목적지를 향하면 빨리 갈 수 있다. 하지만 빨리 달리는 동안은 긴장의 연속이고 도착했을 때의 피로감도 심한 편이다. 우리는 어느 순간부터 목표달성을 위해 쉴 새 없이 달려왔다. 입시를 위해서, 취업을 위해서 열심히 달렸다. 느리게 걷거나 제자리에서서 주변을 둘러볼 여유도 없이 달렸더니 다음을 향해 걸어갈 기력이 아예 없거나 얼마 남아 있지 않다.

역경지수를 설명할 때 '슬기롭게' 역경을 극복해야 한다고 했다. 슬기롭게의 방법은 잠시 멈추어 나를 바라보거나 천천히 걸으면서 숨고르기를 하라는 말이다. 기계도 쉬지 않으면 탈이 나는데 하물며 사람이 버텨낼 재간이 없다. 잠시 멈추거나 천천히 걸으면서 숨고르기를 하자. 그렇게 하면 다음을 위한 기력을 보충해서 더 큰 한 걸음을 나아갈 수 있다.

역경지수는 어려울 때 더 필요하고 빛을 발한다. 역경지수는 역경에 끝까지 맞서는 의지와 인내심을 기르는 힘인 것이다. 한번 마음먹은 것을 끝까지 포기하지 않고 도전하는 집념을 가졌던 에디슨은 1만 2천 번의 실험을 거쳐 백열등을 발명한 후에 기자들에게 이렇게 말했다.

"다른 발명가들은 몇 번 실험해보고 쉽게 포기하는 게 문제이다. 나는 내가 원하는 것을 얻을 때까지 결코 포기하지 않았다."

역경은 누구에게나 언제든 찾아온다. 하지만 도전과 실패의 반복으로 높아진 역경지수는 자신에게 직면한 어려운 문제들을 스스로 얼마든지 해결하고 헤쳐 나갈 수 있는 긍정적인 믿음이다. 아직 늦지 않았다. 이제부터라도 열한 번째 스펙, 오너십을 더욱 단단하게 할 수 있는 역경지수를 높이자.

제 5장

미래의 삶까지
책임지는
90년생 오너십

회사에서 필요로 하는
인재가 된다

평생직장의 개념이 사라진 지 오래다. 이로 인해 직장인들은 취업에 대한 걱정과 함께 취업되고 나서 고용불안까지 걱정하는 처지가 되었다. 자신의 평균 정년을 46.4세로 생각하는 직장인들은 불확실한 현실 속에서 스스로의 미래를 안전하게 설계하기 위한 방법을 찾기 위해 노심초사하고 있다.

단순히 일을 잘한다는 것은 다른 사람들과 차별화된 모습일 수도 있고, 아닐 수도 있다. 누구의 관점에서 보느냐에 따라 차이가 난다. 특히, 사장의 눈높이에서 본다면 시켜서 일

잘하는 사람은 다른 사람들과 차별성이 없다. 이유는 '회사를 위해 스스로 할 수 있는 일을 찾지 않는다', '자기계발 등을 하지 않는다' 등의 한계가 분명하다는 생각을 하기 때문이다. 궁극적으로 이런 한계가 보이는 사람은 '해고'라는 단어가 떠오를 수 밖에 없을 것이다.

'해고'라는 말은 회사에서 쓸모가 없어졌을 때 들을 수 있는 말이다. 바꿔 말하면 쓸모있는 사람은 해고당하지 않고 회사를 계속 다닐 수 있다는 말이기도 하다. 그렇다면 어떤 사람이 회사에서 쓸모있는 사람이고 쓸모없는 사람이 될까?

20세기의 대표적인 경영학자인 피터 퍼디낸드 드러커(Peter Ferdinand Drucker)는 '조직을 위해 나는 어떤 공헌을 할 수 있는지' 생각하며 애쓴다면 자연히 회사로부터 인정받을 가능성이 높아진다고 말했다. 그 인정은 사장의 눈높이가 충족된 상태인 것이다.

그렇다면 사장의 눈높이가 충족된 사람은 어떤 사람일까? **'사장 마인드'**로 일하는 사람이다. 즉, 시켜서 하는 것보다 스스로 일을 찾아서 하는 사람이다. 스스로 일을 찾아서 하게 되면 평소 보지 못하고, 생각하지 못한 것들이 눈에 보이기 시작한다. 그렇게 일을 하다보면 자연스럽게 사장의 눈높이를 시키게 되고 그 눈높이의 직원은 일을 잘하는 사람이다.

하지만 사장의 눈높이를 충족시킬 수 있는 일 잘하는 사람, 회사에서 붙잡는 인재가 되기란 말처럼 쉽지 않다. 회사라고 하는 정글 속에서 생존의 경쟁에서 살아남아야 하니 안전을 생각하지 않을 수 없고, 회사의 목표를 공감하며 부여된 업무를 소화하는 것에 그치지 않고, 지속적으로 성과로 보여줘야만 한다. 혹여나 연이은 저성과 등으로 자존감이라도 떨어지게 되면 회복이 쉽지 않아 승진에서 밀리기도 하고, 최악의 경우 회사를 떠나야 하는 상황에 직면하기도 한다.

콤비(주) 그룹 특별 고문, 콤비 넥스트의 사장인 기노시타 미치타(木下道太)는 저서 〈마흔 이후에도 회사가 붙잡는 인재들의 36가지 비밀〉에서 다음과 같이 이야기했다.

"회사가 기울어 사표를 낼 수 밖에 없는 상황이 되느냐, 아니면 내 힘으로 회사를 키워 사표 쓸 일이 없는 회사로 만드느냐는 해마다 여러분이 쓰는 사표를 통해 확인할 수 있다. 그러기 위해서는 먼저 실무 수행 능력을 강화해야 하고, 해마다 지식과 연륜을 높여가야 한다. 또, 회사 밖으로 역량을 넓혀 회사에 돈을 끌어올 수 있는 사람이 되어야 한다. 5년을 근무하면 5배, 10년을 근무하면 10배로 회사를 키워내겠다는 마인드가 필요하다."

또한, "1년에 한번 사표 쓰기"를 통해 자신의 현 위치를 점검하고, 앞으로 나아갈 방향을 새롭게 모색하여, 직장생활을 단기전이 아닌 장기적인 안목으로 해야 한다는 점을 강조했는데. 회사를 어떤 마인드로 다니냐에 따라 회사에서 자신의 위치가 달라질 수 있음을 이야기하고 있는 것이다.

오너십 보유자는 회사가 필요로 하는 인재이다

기업가 정신을 강연할 때 빼놓지 않고 이야기하는 것이 오너십이다. 기업의 오너는 회사의 매출만큼 직원들의 봉급과 복지에 대한 생각을 하고 결과를 내기 위한 행동을 해야 한다. 그것은 회사원들의 삶에 대한 책임이기 때문이다. 만약 회사에서 오너와 같은 생각으로 회사를 위해 내가 할 수 있는 것을 스스로 찾아서 하는 직원이 있다면 자연스럽게 회사에서의 직원의 입지는 넓어질 수 밖에 없다.

일을 잘하기 위해서는 업무에 대한 일정 수준 이상의 역량을 갖추고 있어야 한다. 그러기 위해서는 '스스로 일을 찾아서 하는 과정에서 시행착오를 겪으면서 내가 무엇이 부족한지를 아는 과정'을 경험하게 된다. 부족함을 보완하게 되면 업무에 대한 역량을 향상시킬 수 있는데 이는 스스로 하려는 생각과 행동을 통해 내가 무엇이 부족한지 알 수 있었기 때문이다. 그렇게 보유한 역량은 내가 회사에서 일을 잘할 수 있게 도움을 준다. 하지만 이런 부족한 역량을 타인을 통해 알게 된다면 동기부여도 되지 않고, 도리어 자존감이 떨어질 수 있게 되니 스스로 부족함을 알고 보완하는 과정이 더 효과적인 것이다.

나에게 맡겨진 업무를 완수한다는 것은 자신에 대한 책임이다. 회사 뿐만 아니라 사회는 각각의 개인이 자신의 역할을 책임감 있게 해냈을 때 톱니바퀴가 맞물려 돌아가 듯 유기적으로 돌아가게 된다. 피터 드러커의 말처럼 회사로부터 무엇을 얻을 것인가를 고민하는 것보다 회사를 위해 나의 역할에 책임을 다하는 것은 회사를 위한 공헌이다.

오너십이 있는 사람은 타인과 사회에 대한 책임까지도 생각하는 사람이다. 회사에서 인정을 받게 되면 자연스럽게 따라오는 것이 승진이다. 승진을 하게 되면 직책을 통한 권한이 부여가 되고 그 권한과 동시에 책임이 동반된다. 그 책임은 조직 내 구성원들과 함께 하며 일어날 수 있는 모든 사항에 대한 책임이고 책임은 직책이 높아지면 높아질수록 권한과 책임의 크기는 커지게 된다.

구성원들을 회사의 목표에 공감하도록 이끌고, 역량을 고려한 업무를 분장하기 위해서는 각각의 구성원들을 책임지겠다는 생각없이는 불가능하다. 그렇게 구성원들에 대한 업무에 책임지는 행동들을 통해 또다시 회사의 인정을 받게 되어 직책을 거듭하다보면 궁극적으로 오너십이 있는 사장 마인드가 나를 진짜 회사의 사장으로 이끌게 된다.

오너십은 나를 경쟁력 있게 만들어 준다. 그런 경쟁력은 나만의 브랜드가 된다. 당장에 눈에 띄지 않는다고 걱정할 필요가 없다. 한 곳에 놓고 보면 오너십이 있는 사람과 그렇지 않은 사람은 반드시 차이가 난다. 내가 회사를 키워 사표를 쓸 필요가 없는 회사로 만들겠다는 생각과 행동을 통해 회사에 공헌하고 인정받게 되면 회사에서 필요로 하는 인재가 될 수 있다.

꿈이 현실이 되는
경험을 하게 된다

비전노트 만들기에서 꿈과 관련된 이야기를 한 적이 있다. 스스로의 삶에 주인으로 산다는 것은 후회 없이 의미 있는 삶을 사는 것이다. 그러한 삶은 '꿈'을 가지고 목표를 위해 계속해서 노력하면서 행복한 기분을 느끼는 것이라고 했다.

그리고 꿈은 '시간, 돈에 상관없이 **하고 싶은 것, 되고 싶은 것, 갖고 싶은 것**'인데 꿈이 없는 사람들의 변명은 이렇다. "내가 돈이 없어서 꿈을 이루지 못했다.", "내가 시간이 없어서 꿈을 갖지 못했다"라고도 했다.

니체는 '왜 살아야 하는지 알아야 하는 사람은 그 어떤 어려움도 이겨낼 수 있다' 라고 했다. 바꿔 얘기하면 꿈이 있는 사람은 왜 살아야 하는지 아는 사람이고, 그 꿈을 먹고 어려움을 이겨낼 수 있다는 말로도 이해할 수 있을 것 같다.

꿈은 나로 인해 시작되고 마무리 되어지는 것이다. 꿈을 갖는다는 것은 스스로의 삶에 주인으로 살겠다는 오너십이 있는 생각으로 시작이 되어야 하고, 꿈을 이루기 위해 거치게 되는 과정은 쉽지 않은 과정이기 때문에 오너십이 있는 행동으로 마무리가 되어야 한다고 생각한다. 그렇게 내가 만족할만한 꿈을 이루기 위해서 참고 견디게 되면 더 큰 성과를 낼 수 있다.

꿈이 현실이 되기 위해서는 버티기가 필요하다

꿈에 대한 생각이 무엇인지 알았다면 이제는 꿈을 갖는 것부터 시작하자. 그렇게 꿈이 생겼다면 이제부터는 그 꿈을 이루기 위한 '버티기'가 중요하다. 꿈을 쉽게 이루거나 이룰 수 있는 사람이 이 세상에 과연 얼마나 될까? 꿈의 크기에 따라 가는 길이 차이가 있겠지만 많은 사람이 꿈을 이룬 사람들의 이야기에 감명받는 이유는 분명 꿈을 이루는 과정이 쉽지 않다는 것을 잘 알고 있기 때문이다. 결국 그 사람의 버티기에 대한 이야기가 사람들에게 감동을 준다.

평소 '미스터리 음악쇼 복면가왕'이라는 음악경연 프로그램을 즐겨본다. 몇 년 전 '우리동네 음악대장'의 가면을 쓴 가수가 22대부터 30대까지 9회 연속 가왕이 되면서 기록을 세운 적이 있었다. 복면가왕이라는 프로그램은 가면 속 가수의 실력만을 보고 평가한다는 점에서 즐겨볼 수 있게 된 프로그램이기도 했는데 거기에서 가창력이 훌륭하다는 생각이 든 가수가 음악대장이이여서 누굴까 흥미있게 봤었다. 음악대장의 정체는 '하현우'라고 하는 가수였고, 마지막 경연에서 가면을 벗을 때까지 하현우라는 가수, 국카스텐이라는 그룹의 존재도 모르고 있었다.

프로그램을 보면서 복면까지 쓰게 해서 평가를 하게 되는 사회의 현실이 안타까웠지만 이런 과정들이 '실력으로만 평가받는 문화의 시작'이 될 수 있겠다는 생각이 들었다. 그리고 문득 들었던 생각이 있었는데, 만약에 '복면 속 가수가 하현우라는 것을 알았다면 가창력으로만 평가받았을 수 있었을까?', '하현우가 평소에 준비되지 않았던 사람이라면 9연속 가왕이 될 수 있었을까?' 하는 것들이었다. 특히, 후자의 생각의 경우에는 하현우가 준비되어 있지 않았다면 절대 이루지 못할 결과였다.

비단, 하현우뿐만 아니라 꿈을 이룬 연예인들이 긴 무명시절이 있었다고 한다. 경제적인 어려움은 기본이고 주변 사람들의 지지가 없는 상태에서 오롯이 혼자 버텨야 하는 시간이 제일 힘들었다고도 말한다.

나 역시 사회 첫발을 내디뎠던 시작과 과정이 순탄치만은 않았다. 열 군데가 넘는 입사지원 후 연이은 불합격, 그렇게 선택한 해외취업으로 가족을 뒤로하고 외국에서 홀로 버틴 시간, 귀국 후 1년여 동안 제대로 된 수입없이 한 달에 많게는

6,000km씩 차를 타고 다니면서 강연을 다녔던 과정들이 있었는데, 만약 그 기간을 잘 버티지 못하고 포기했다면? 그 기간을 잘 준비하지 못했었다면? 지금처럼 강연 활동이나 책을 쓴다거나 하는 일들은 절대 할 수 없었을 것이다.

꿈을 포기했었다면 하루하루가 행복하지 않았을 것이고, 잘 준비하지 못했었다면 지금처럼 기업과 기관에서 다양한 강연을 할 수 없었을 것이다. 그동안 하고 싶고, 되고 싶고, 갖고 싶다는 생각이 항상 포기라는 단어를 이길 수 있어서 버틸 수 있었다.

하현우가 불렀던 노래 중에 '걱정말아요 그대'라는 노래를 정말 좋아한다. 실제 힘들 때마다 들으면서 많이 위로를 받았다. 특히, 가사의 내용이 더욱 공감이 되는 노래이다.

"후회없이 꿈을 꾸었다 말해요. 새로운 꿈을 꾸겠다 말해요. 지나간 것은 지나간 대로 의미가 있죠."
누구나 새로운 곳에서의 시작은 어려울 수밖에 없다. 그리고 내가 있는 곳이 내가 생각했던 것과 달라 어색하고 이질감이 느껴질지도 모르겠다. 하지만 지금 사회생활을 하고 있는 곳이 내가 가졌던 꿈은 아니였는가 생각해 보자. 그렇게 바라던 곳을 왔는데 당장 생각과 다르다고 포기하기엔 그동안의 내 노력이 너무 아깝지 않을까?

만약 내 꿈이 지금 있는 곳에서의 시작이 아니였다면 당연히 원하는 곳에서 다시 꿈을 꾸는 것이 맞지만 지금 있는 곳이 내 꿈의 출발선이라고 생각한다면 열한 번째 스펙, 오너십의 힘을 믿어보자. 그렇게 믿고 버티다보면 꿈이 현실이 되는 경험을 할 수 있을 것이다.

나로 인해
조직이 바뀐다

한 지인의 사회초년생 시절 이야기이다. 그 분이 첫 입사를 했을 때는 지금처럼 별도의 신입사원 교육이 없었고, 합격을 해서 출근을 하게 되면 적응기간을 두고 업무라고 하기보다는 허드렛일 정도만 하는 기간이 있었다고 한다. 그리고 일과의 시작과 동시에 직장 선배들이 각자의 역할에 몰입을 하다 보니 물어보기보다는 눈치껏 이전자료를 찾아본다든지 괜히 왔다갔다 하기 일쑤였다.

그렇게 일주일 쯤 지났을까? 사무실 분위기에 적응되어 가던 어느 날, 사무실에 물통교환식 정수기가 있었는데 정수기에 물 채우라는 소리가 귀에 들렸다고 한다. (지금이야 렌탈로 상수도와 직접 연결해서 신경쓸 일도 없지만 당시에는 물통교환식 정수기가 많았다.) 가만히 생각해 보니 출근하는 날부터 물 채우라는 소리를 매일 들었던 것 같았고, 그래서 그때부터 '저건 내가 하면 되겠다' 싶어 매일 아침에 출근을 하면 정수기 물통을 새것으로 바꾸는 일로 일과를 시작했다고 한다.

그렇게 얼마 간의 시간이 지났을까? 그날도 똑같이 물통을 바꾸고, 사무실 화초에 물을 주고 업무를 시작하려는데 그날따라 일찍 출근한 회사의 사장과 마주치는 일이 있었다. "매일 물통을 채운 게 P였구나! 계속 그렇게 하면 P는 앞으로 크게 성장할 수 있을 거야."라고 말했다는 것이다. 그리고 사장의 선견지명이 통했던 것일까? P는 그 회사의 책임자를 거쳐 지금은 다른 회사에 스카웃이 되어 업계에서 인정받는 전문가가 되었다.

혹시나 위의 사례가 별거 아니라고 생각할지도 모르겠다. 하지만 사장은 알고 있었다. 사무실에서 매일같이 똑같은 불편이 발생하고 있는 상황을 보면서, 어쩌면 우리 회사에는 내가 생각하는 '오너십이 있는 사람이 없구나' 하고 내심 불편한 마음으로 지냈었는지도 모른다. 그러다가 어느 순간 그 불편이 P에 의해서 사라지는 모습을 보게 되었고, 다른 사람들에게는 없는 '열한 번째 스펙, 오너십'을 가졌음을 알아봤던 것이다.

그리고 그 날의 에피소드가 에피소드로 끝난 것이 아니라 사무실에 작은 변화를 가지고 왔다고 한다. 아마도 그날 이후 사장의 P에 대한 칭찬이 회사 직원들에게 긍정적인 영향을 미쳤던 것은 분명한 것 같다. P는 한동안 물통 바꾸는 일을 계속 했다. 정말 사소한 것일 수 있지만, 전에 없이 쓰레기통이 차면 비우는 사람이 생겼고, 복사기에는 종이가 항상 차 있었다고 한다. 누가 시키지 않았지만 다른 사람들도 한 가지씩 무언가를 스스로 하기 시작한 것이다.

오너십은 조직 문화를 만드는 재료이다

지금도 그 회사의 사무실에는 특별히 어떤 임무를 주기보다는 스스로 알아서 하는 분위기가 정착되었다고 한다. P로 인해 시작된 일종의 '문화'인 것이다. 문화란 '자연 상태에서 벗어나 삶을 풍요롭고 편리하고 아름답게 만들어 가고자 사회 구성원에 의해 습득, 공유, 전달이 되는 행동 양식'을 이루는 말이다.

'문화'는 처음에 만들어지기가 어렵지만 만들어지게 되면 그 문화를 공유하는 집단 내에서 말, 행동 등으로 전해지게 된다. 정말 사소한 것에서 시작된 것이지만 공감이 되면서 자연스럽게 구성원들이 하게 되는 생각과 행동이 변화가 되어 하나의 '문화'로 정착되었다.

기업문화라는 말도 있다. '기업에 소속되어 있는 구성원들이 공동으로 가지고 있는 공유가치와 그것이 투영된 행동양식'을 일컫는다. 기업문화는 '기업이념, 경영이념, 경영철학, 기업정신, 기업목표, 사훈, 사시(社是), 기업상(像)'이란 용어와 혼동되기도 하나 기업문화는 이런 것들을 포함하는 광범위한 뜻으로 쓰인다고 한다.

P의 행동이 그 회사의 기업문화라고는 할 수 없다. 하지만 그 회사의 사무실은 아직도 P로 시작된 문화가 유지되고 있다. 그리고 지금 내가 다니고 있는 회사의 기업문화도 오랜 시간을 거쳐 창업주의 생각과 행동에서 시작된 작은 문화에서 시작되어 현재의 기업문화로 정착되었다.

김성호 작가의 〈일본전산 이야기〉는 1973년 세 평짜리 시골 창고에서 단 네 명이 시작한 기업, 일본전산이 장기 불황 속에서 30년 만에 계열사 140개, 직원 13만 명을 거느린 매출 8조 원의 막강 기업으로 성장할 수 있었던 배경을 쓴 책이다. 그 배경에는 일본전산 만의 창업주의 독특한 기업문화가 있었다.

"'남들도 하기 싫어 할 때', '그만 하고 싶은 생각이 턱까지 올라올 때', '그래도 하는 것'이다. 그게 전부다. 때로는 '승리의 비결' 따위는 너무도 간단하다. '끝까지 하는 습관'이 들었을 뿐이다. 그냥 하는 시늉만 하거나, 머리나 입으로만 하겠다고 장담하는 것이 아니라, 몸으로 하는 것이다."

무슨 일이든 시작이 거창하기는 쉽지 않다. 특히, 회사에 갓 입사한 신입사원들과 같은 사회초년생이라면 더욱 그럴 것이다. 하지만 나의 오너십이 있는 행동은 분명 작게는 내가 속한 조직에 영향을 미칠 힘을 가지고 있다. 그리고 그것이 훗날 나로 인해 탄생될 문화가 될 수 있다. 그 시작이 나인 것이 기분 좋은 일이고, 나는 좋은 문화를 만든 사람으로 기억될 수 있다. 지금 당장 주변을 둘러보자. 과연 나는 사무실에 어떤 문화를 만들 수 있을까? 그리고 분명한 것은 열한 번째 스펙, 오너십이 그 문화를 만드는데 큰 역할을 할 수 있다.

진정한 리더의 삶을
살 수 있다

얼마 전 봉준호 감독의 「기생충」이라는 영화가 개봉됐다. 칸 영화제에서 황금종려상을 수상한 작품이라는 것도 있지만, 평소 관심을 두고 있는 '사회의 양극화 현상'을 다룬 영화라는 점에서 더욱 관심을 갖게 되었다.

공식적으로 대한민국은 신분사회가 아니다. 하지만 사회 곳곳에 보이지 않는 신분이 존재하는 것 같다. 그러한 신분은 앞에서 언급한 수저계급론의 흙수저, 금수저로 대변되는 소득 불평등에서 생기는 양극화 현상에서 기인한다. 영화 「기생충」

역시 부자와 그 부자를 둘러싼 저소득층과 생기는 에피소드를 다루고 있다.

대한민국의 소득 불평등 수준은 OECD 국가들 중 최하위 수준이다. 이런 소득 불평등은 상위 10%와 하위 10% 간의 사회적 위화감을 조성해서 교육, 취업기회 등의 불평등한 분배로 **'계급 지위의 세습화'**의 위험성까지 대두되고 있다.

몇 해 전 실화를 바탕으로 제작된 「베테랑」이라는 영화가 개봉되어 지금의 「기생충」처럼 많은 관객들로부터 호응을 받았다. 갑질하는 재벌 3세를 쫓는 경찰의 활약을 그린 영화로 악행을 저지르는 재벌과 이를 응징하는 베테랑 형사들의 이야기가 관객들에게 통쾌함을 선사했다. 영화 속 소재인 재벌들의 갑질 사건은 실제로 여러 번 있었고, 이로 인해 많은 사람들로부터 공분을 자아내기도 했다.

특히, 영화의 내용과 가장 닮아 있는 OO기업 모대표의 '맷값 폭행사건'으로 회사 앞에서 1인 시위를 하던 화물트럭 운전

기사를 야구방망이로 폭행하고 맷값으로 2000만 원을 준 사실은 너무나 잘 알고 있는 내용이다. 이 밖에 재벌오너가 경호원을 시켜 보복폭행을 하거나, 땅콩을 봉지째 준 승무원을 비행기를 되돌려 내리게 한 사건들이 있었다. 나는 이것을 **'현대판 노예제도'** 제도라고 말한다.

열 머슴이 병든 주인 하나를 못 당한다

'職(직)'이라는 한자는 말하는 소리를 듣고 창을 드는 사람을 뜻하는 한자이다. 말하는 사람은 '주인'이고 소리를 듣고 창을 드는 사람은 '시키는 대로 하는 사람'으로, 예전에 '職(직)'이라는 한자가 머슴 또는 노예의 뜻으로 쓰였을 것이다.

오늘날 직장(職場), 취직(就職)의 의미를 보면 직장은 '주인(사장)'이 있는 곳에 들어가서 일하는 곳이고, 취직은 들어가서는 시키는 일을 하는 사람이 되는 것이다. 이렇게 시키는 사람과 시키는 대로 하는 사람으로 양분되는 구조로 인해 시키는 대로 하는 사람이 갑질의 대상이 되는 악순환으로 이어지게 된다.

거기에 자본주의의 논리가 더해져 돈을 주는 사람과 돈을 받는 사람으로 양분되어 그 구조는 더욱 공고해 지게 된다. 이러한 구조를 빗대어 나는 **"열 머슴이 병든 주인 하나를 못 당한다."**라고 표현한다. 수많은 갑질의 행태가 이러한 구조 속에서 등장했고, 오너(주인)의 그릇된 의식과 행동으로 인해 그 구성원들이 힘들게 되었음에도 그 누구 하나 제대로 얘기하지 못하기 때문이다.

결국, 이러한 모습은 오너의 그릇된 의식과 행동인 '갑질문화'가 암암리에 남아 있기 때문에 발생한 문제라고 생각한다. 사회의 변화와 함께 병든 주인에 대한 자성의 목소리가 음지를 뚫고 나오고는 있지만, 만족할만한 수준으로의 변화는 아직도 진행형이다.

앞에서 사소한 행동이 사무실의 문화가 되었던 사례를 이야기한 적이 있다. 그 사례처럼 **"습관이 문화가 될 수가 있다"**고 믿고 있다. 작은 걸음이 변화의 시작이 될 수 있고, 나중에 큰 걸음으로 옮겨질 수 있다.

 오너의 오너십이 있는 행동은 권위를 인정받기 위한 당연한 책임이다. 하지만 그것 못지 않게 중요한 것이 구성원들의 오너십 함양이다. 그동안 오너십이 무엇인지 모르고 제대로 행동하지 못했다면 나의 작은 행동이 습관이 되어 그것이 작게는 나의 조직, 크게는 사회의 문화로 정착될 수 있다는 믿음과 신념을 가지면 좋겠다. 그렇게 된다면 사회는 누구도 소외되지 않고, 기회의 평등 속에서 자괴감을 느끼지 않고 살아갈 수 있을테니 말이다.

 리더는 구성원들에게 선한 영향력을 끼쳐 자발적인 행위를 유도해야 한다. 이런 리더의 영향력을 '리더십'이라고도 한다. 리더십에 단계가 있다면 최고단계의 리더십은 구성원들로부터 존'존경받는 리더십'일 것이다. 열한 번째 스펙, 오너십은 그것을 가능하게 할 수 있다. 이를 통해 존경받는 리더십을 키울 수 있다면 나는 진정한 리더의 삶을 살 수 있다.

사회문제를
바로 보고 바꿀 수 있다

헝가리에서 안타까운 사고가 발생했다. 평소 패키지 여행을 잘 다니는 한 사람으로서 그 상황이 너무 당황스럽고 속상하다. 내 가족 중 한 사람인 것 같아 두렵기까지 하다. 사고 이후 실종자에 대한 구조작업 관련 뉴스를 접할 때마다 가슴이 먹먹하고 안타깝다. 그리고 이런 사고들이 개인에서 개인으로 끝나는 것이 아니라 전 국민들을 아프게 하니 더 문제다.

'국민안전의 날'이라고 들어본 적이 있는가? 2014년 4월 16일, 비극적인 세월호 침몰사고를 계기로 2014년 11월 19일 '국민안전처'라는 중앙행정기관이 신설되었고, 안전의 중요성을 되새기자는 의미로 4월 16일을 '국민안전의 날'로 제정하였다고 한다. 이것 말고도 환자안전의 날, 식품안전의 날 등 대한민국에서는 다양한 안전의 날을 제정하고 있다. 이것은 표면적으로는 안전에 대한 관심 제고를 위한 것이라고 하지만 반대로 그동안 수없이 많은 안전사고가 발생했고 발생하고 있다는 방증이다. 그렇다면 안전사고는 왜 발생하는 것일까?

집에서 엄마(혹은 가족)가 해주는 음식을 먹고 탈이 났다는 이야기를 별로 들어본 적이 없는 것 같다. 너무 많이 먹어서 탈이 날 순 있어도 집에서 만든 음식 자체의 위생이 문제가 되어 배탈이 나는 것은 극히 드문 일일 것이다. 이유는 그 음식이 엄마의 정성으로 만들어진 음식이기 때문이다. 재료 역시 그 상황에서 최상의 것을 사용할 것이다.

최근에는 스마트폰의 대중화로 배달앱을 이용해 손쉽게 음식을 주문할 수 있다. 배달앱 업체는 그 인기에 힘입어 매달 매출액을 경신하고 있다고 한다. 배달앱을 이용해 배달 음식을 시킬 때면 아무리 소비자들의 리뷰가 좋은 음식점을 선택해서 주문한다고 해도 가끔 배달된 음식이 '청결한 환경에서 만들어질까?' 하는 의구심이 들 때가 있다.

얼마 전 뉴스에서 배달을 전문으로 하는 음식점을 대상으로 한 불시점검에서 위생불량 업체들이 다수 적발된 모습을 보고 더욱 경각심을 갖게 되었다. 비단, 이런 불안감은 나만의 생각은 아닐 것이다. 그리고 불안감 뒤에 생기는 선의의 피해자가 있을 수 있겠다는 안타까운 마음도 든다.

사회 곳곳의 안전사고는 오너십의 부재 때문이다

먹는 것에 대한 불안, 타는 것에 대한 불안, 사는 곳에 대한 불안 등 모든 것에 대한 불안은 직·간접적으로 학습된 결과이다. 지금은 아니었지만 앞으로 나도 그 불안의 대상일 수 있다는 생각으로 인해 생긴 불신이 작게는 가족, 크게는 사회의 화합을 가로막는 원인이 될 가능성이 상당히 크다.

우리는 그동안 그 예들을 언급하기조차 쉽지 않은 다양한 사회에서 발생되고 있는 크고 작은 안전사고들로 인해 마음과 몸의 병은 물론, 가족 간의 불화와 사회 각계각층 사이에 생겨나는 갈등을 수없이 보아 왔고 보고 있다.

그렇다면 왜 '국민안전의 날'까지 제정을 하면서 안전사고 예방에 노력하고 있는데 우리 사회에 아직도 이런 안전사고들이 발생하고 있는 것일까? 아마도 그 이유는 '오너십의 부재' 때문일 것이라는 생각을 해본다.

뉴욕대 링겔만 교수가 실험을 통해 한 명씩 줄다리기를 하면 자신의 힘을 100%를 쏟지만 두 명이면 93%, 세 명이면 85%, 여덟 명이면 64%의 힘만 쏟는다는 사실을 발견했다. 그래서 이러한 실험을 통해 링겔만 교수가 알아냈다고 해서 **'링겔만 효과'**라고 부른다.

결국 사회에서 발생되는 있는 안전사고들은 '누군가는 하겠지?, 나 아니어도 괜찮겠지?'라는 마음이 안전사고의 원인이 된다. 만일 '내 일이야, 내 가족이 먹을 음식, 내 가족이 탈 차, 내 가족이 살 집'이라는 생각으로 만들거나 행동한다면 천재지변과 같은 불가항력적인 상황이 아닌 이상 인명이 손실되는 안전사고로 이어지지 않았을 것이다. 내가 수고스럽더라도 구성원들의 안전을 생각하는 마음과 행동을 할 수 있다면 안전사고가 발생하지 않는 사회가 만들어지고 유지 될 수 있을 것이다.

사회를 구성하는 요소에는 여러 요소가 있다. 그리고 그 중에서 가장 중요한 요소가 무엇이냐고 묻는다면 단연코 '사람'이라고 생각한다. 사람으로 인해 사회가 발전하기도 하지만 문제도 발생한다. 그렇기에 사람이 어떠한 의식을 갖고 어떻게 행동하느냐가 정말 중요하다. 그 의식 속 행동이 사회에 미치는 영향이 너무나 크기 때문이다.

사회에 발생하는 모든 현상은 그 구성원의 역할과 밀접한 관련이 있다. 내가 내 역할에 최선을 다할 때 부정적이기보다는 긍정적인 결과가 발생한다. 세상은 오너십이 있는 사람을 필요로 한다. 그런 사람들이 자신의 위치에서 맡은 바 소임에 최선을 다해 문제가 될 만한 것에 대해 예방조치를 잘하게 될 때 서로를 믿고 화합할 수 있게 된다. 그렇게 서로가 믿고 화합하는 분위기가 사람들이 살맛나는 세상을 느끼게 해줄 수 있다.

열한 번째 스펙, 오너십이 만병통치약은 아니다. 하지만, 적어도 나에 대한 책임과 타인, 사회에 대한 책임에 대해 한번이라도 생각해 볼 수 있다는 점에서 사회의 문제를 바로 인식하고 바꿀 수 있는 시작이 될 수 있다고 생각한다. 적어도 나는 오너십을 가진 사람이 많으면 많을수록 그 사람들이 대한민국 사회에 마른 땅에 내리는 단비와 같은 역할을 해줄 수 있을 것이라고 확신한다.

저자소개

윤병호 저자는 공공기관 및 기업교육 전문강사이다. 한국조폐공사, 경기도 인재개발원, 한양대학교 등에서 강연했으며, 중국에서 이뤄지는 취·창업 인턴십 프로그램을 운영하고 있다. 또한, 제대군인으로서 기업교육 전문강사로서의 활발한 활동을 인정받아 제6회 제대군인주간 국가보훈처장상을 수상하였고, 국방FM 국방광장에 출연하여 성공한 전직군인으로 소개된 바 있다.

주 강연분야는 다음과 같다.
- 직무역량교육 (기업 및 조직교육 전문)
  - 오너십(주인의식), 디자인씽킹(창의적 문제해결), 중간관리자 리더십, 조직문화, 조직활성화(세대 간 소통 및 갈등해결)
- 4차 산업혁명 시대 트랜드
  - 4차 산업혁명 시대 개념 및 핵심기술
  - 4차 산업혁명 시대 미래인재 마인드 혁신
  - 4차 산업혁명 시대 미래진로 디자인(설계)
- (해외)취·창업교육
  - 기업가 정신, 사장학, Born Global 기업과 해외진출 전략, 진로(생애)설계, 산업트랜드와 고용환경, 중국트랜드 (문화, 정치, 경제), 사업계획서 작성
- 기타
  - 강사양성, 안보 / 통일교육, 역경지수(AQ)향상, 캘리그라피, 우든펜, 갑질예방

NAVER | 윤병호 강사 | 검색

블로그 : https://blog.naver.com/yinbinghao
강연의뢰 : yinbinghao@hanmail.net

90년생 오너십

1판 1쇄 발행 ｜ 2019년 11월 5일

지은이 ｜ 윤병호

펴낸곳 ｜ 북씽크

펴낸이 ｜ 강나루

주 소 ｜ 서울시 서초구 명달로24길 46, 3층 302호

전 화 ｜ 070 7808 5465

등록번호 ｜ 제 206-86-53244

ISBN 979-11-90034-27-2 13100

copyright ⓒ 윤병호